下巻

企業ミュージアムへようこそ

PR資産としての魅力と可能性

Welcome to Corporate Museums.

電通PRコンサルティング

時事通信社

はじめに

　ある企業ミュージアムに仕事関係のツアーで参加した時のことです。参加者の一人がこんなことを話しているのが聞こえてきました。

　「こうやって業務で案内してもらった後に、改めて家族とかと一緒に来ても十分に楽しめる場所ですよね」

　まさに、企業ミュージアムとはそのような施設です。

　一般によく知られている博物館や美術館と少々異なり、なんとなく入りにくい、敷居の高いイメージがもしかしたらあるのかもしれません。でも、一度その扉を開いてみると、日ごろからなじみのある会社の、知っているようで知らなかった秘密や伝説がたくさん詰まっている、魅力的な空間なのです。

　本書は、2023（令和5）年10月に上梓した「企業ミュージアムへようこそ〈上巻〉」に続く位置付けに当たるものです。おかげさまで、上巻には多大なるご好評を頂戴し、一般の読者さまはもちろん、学校関係や図書館などからのお求めも多数いただきました。中には、国外の著名大学からの問い合わせもありました。

　これもまた、企業ミュージアムへの皆さまの潜在的な関心の高さの表れではないかと考えております。

　もちろん、この上・下巻において紹介させていただいている企業ミュージアムは、まだまだほんの一部です。このほかにもたくさんの施設が存在し、来館者の方々と気持ちを通じ合わせる瞬間を心待ちにされているはずです。そんな中から自分だけのお気に入りの企業ミュージアムを発見する、というのも楽しみ方の一つなのかもしれません。

　私自身、幾つもの企業ミュージアムを訪れるうちに、次のような思いを抱くに至りました。歴史に名を遺した人物たちと同じく、無数の無名の働く人々が尽くした力と発揮した英知の蓄積が、この国の産業の繁栄につながってきたのだと。読者の皆さまとも、そのような思いを共にできれば幸いです。

アドミュージアム東京 館長

牧口征弘

Contents

01〜18は、ウェブ電通報の連載『PR資産としての企業ミュージアムのこれから』に掲載された№.18〜№.35の記事を本書刊行に当たって再編集したものです。№.1〜№.17は本書〈上巻〉に収録されています。
ウェブ電通報　https://dentsu-ho.com/

【注】　掲載されている各施設の情報は取材時点（2022〈令和4〉年〜2024〈令和6〉年）のものであり、現在は変更されている場合があることをあらかじめご了承ください。最新の情報につきましては各施設にご確認ください。

「常に時代の一歩先へ」という企業文化の伝承

セイコーミュージアム 銀座

所在地：東京都中央区　運営：セイコーグループ株式会社　オープン：2020年

セイコーミュージアム 銀座の概要

　「セイコーミュージアム 銀座」は、1981（昭和56）年、服部時計店（現・セイコーグループ）創業100周年記念事業として東京都墨田区太平の精工舎内に「セイコー時計資料館」という名称で設立された。当初は、資料の収集や保存、研究にウエートが置

かれており、社内や取引先向けの限定公開だった。2012（平成24）年にはセイコーブランドを広く発信する目的で「セイコーミュージアム」と名称を変え、一般公開。さらに創業者・服部金太郎（はっとりきんたろう）の生誕160周年を迎えた2020（令和2）年8月には、創業の地である東京・銀座へ移転し、セイコーミュージアム 銀座に改称した。

　移転後は、展示や学習・教育といった機能をより充実させ、バランスの取れたミュージアム活動が行われている。セイコーグループのコーポレートブランディング部の管轄で、スタッフはミュージアム運営部門とアーカイブズ部門、合わせて14人で編成されている。銀座という好立地にありながら、入場料は無料。この点からも間口を広げ、広く同ミュージアムの存在を知ってもらい、時について考え、時計の魅力を感じてもらいたいという意思が強く感じられる。

銀座移転による二つの変化

　銀座とセイコーグループには、深いつながりがある。というのも、銀座は、創業者・服部の生誕の地であり、セイコーグループの前身である服部時計店の創業の地でもあるからだ。現在も、同ミュージアムの近隣には「SEIKO HOUSE（以下、セイコーハウス）」（「旧和光本館」）や「セイコードリームスクエア」など旗艦店が立ち並び、銀座という場所は、過去から現在に至るまでセイ

セイコーミュージアム 銀座のファサード。両側には時計の歯車で構成された並木のシルエットをデザイン。建物右手に大型振り子時計「ロンド・ラ・トゥール」（写真提供：セイコーミュージアム 銀座）

取材に対応していただいた館長の相澤氏（左）、副館長の宮寺氏（右）（筆者撮影）

コーグループの情報発信基地と言っても過言ではない。

館長の相澤隆氏によると、銀座へ移転したことで望ましい変化が幾つかあったという。まず、来館者層の変化。以前の所在地では、来館者のほとんどが、取引先や一部の時計愛好家に限られていた。しかし交通の便が良く、また国内外の観光客にとってランドマーク的な場所である銀座への移転により、女性や家族連れなど、これまでターゲットとしつつも来館してもらいにくかった層が大幅に増えたという。

次に、セイコーハウスや旗艦店など、関連する施設間でシナジー効果が発生している点。セイコーハウスを訪れ、古い時計に興味を持った顧客が店員からの紹介でセイコーミュージアム 銀座を訪れる。それとは逆に、同ミュージアムでセイコーブランドの歴史に触れ、最新の製品を購入したいという来館者に旗艦店を案内するなど、施設間で人の行き来が生じるようになったそうだ。副館長の宮寺昇氏は、銀座へ移転したメリットについて「銀座エリアでまとまった情報発信ができることは強み

各階フロアデザイン。2階（左上）、3階（右上）、4階（左下）、
5階（右下）（写真提供：セイコーミュージアム 銀座）

社員研修でも重視される2階の服部金太郎ルーム。じゅうたんや壁にはブランドを象徴する特別なカラー「グランドセイコーブルー」を効果的に使用（写真提供：セイコーミュージアム 銀座）

です。ミュージアムの周知はなかなか難しいのですが、さまざまな形で好循環が生じています」と述べている。

フロアごとに異なる魅力的なコンセプト

　一般的にミュージアムというと、広い敷地に建つ低層階の建物をイメージしやすいが、同ミュージアムはビルの地下1階から地上5階までをミュージアムとして活用している。階の移動によって流れの途切れが生じてしまうというデメリットを逆手に取り、フロアごとに異なる印象のデザインコンセプトが設定されている。そのため実際に訪れると、エレベーターから降りた際の印象の違いを楽しむことができる。地下1階「極限の時間」／1階「はじまりの時間」／2階「常に時代の一歩先を行く」／3階「自然が伝える時間から人がつくる時間」／4階「精巧な時間」／5階「いろいろな時間」といったテーマ設定がされ、総床面積654平方メートルの館内には、常時約500点の時計が展示されている。

　同ミュージアムの存在意義について、一つは創業者の精神と足跡を伝承することだという。その意義を象徴するフロアが「常に時代の一歩先を行く」と題された2階のフロア。服部の人柄やパーソナリティー、それにまつわるエピソードを中心に展示している。インターナルブランディングも意識された構成となっており、グルー

プ企業の新入社員研修がここで行われる際は、まず2階の「服部金太郎ルーム」から巡る。その理由は、「常に時代の一歩先を行く」という、今なお受け継がれている創業者の精神をしっかりと記憶にとどめてもらいたいという思いからだ。創業者・服部はどういう人物だったのだろうか。

「常に時代の一歩先へ」を追求した服部金太郎

1860（万延元）年、江戸末期、現在の東京都中央区銀座5丁目に生まれた服部は、1881（明治14）年、21歳の時に服部時計店を創業。当時は西洋から入ってきた時計の卸・小売りを行っていた。日本ではまだ珍しかった毎月決まったタイミングに代金を支払う商慣習を取り入れ信頼を得、良い商品を多く仕入れられたことで事業がうまくいった。しかし本当にやりたかったのは自身で時計を製造すること。1892（明治25）年には従業員わずか十数人の時計製造工場・精工舎を創業。まずは見よう見まねで時計の組み立てから始め、「ボンボン時計」と呼ばれる掛け時計の製造に成功した。素晴らしい時計職人との出会いを通じ、精度の高い製品を大量に製造できるようになり事業を拡大していった。

日本初となる目覚まし時計や腕時計「ローレル」などを世に送り出し、時計の普及に大きく貢献。技術の高さはもちろんのこと、服部の先見性や誠実な人柄も相まって事業の成功が遂げられたことに違いないだろう。展示されているエピソードの数々から、そう強く感じられた。

世界に衝撃を与えた「クオーツ」革命

「セイコーの歴史は精度との闘い」と、相澤氏。「精巧な時間」と題された4階では1892年の精工舎創業から1969（昭和44）年の世界初のクオーツ腕時計開発に至る歴史が解説されている。高度経済成長期以降、人々の生活が豊かになるにつ

創業者・服部（左）、1897（明治30）年ごろの精工舎（右）（写真提供：セイコーミュージアム 銀座）

4階「精巧な時間」。床や壁のグリッドは奥に行くほど細かくなっており、精度や技術の高まりを表現 (写真提供：セイコーミュージアム 銀座)

れ時計の需要も加速。より精度の高い時計が求められるようになった。新たな部品の製造、設計の研究など精工舎、第二精工舎 (精工舎から分離独立)、諏訪精工舎 (第二精工舎から分離独立) 内で最高の精度を追求する姿勢が顕著になった。そして、1960 (昭和35) 年、「世界最高峰の腕時計をつくる」という志の下、部品精度・組み立て技術・調整技術のすべてを注ぎ込み「グランドセイコー」が誕生。世界最高峰の機械式時計と称された。

さらに1969年、世界初のクオーツ腕時計「セイコー クオーツアストロン35SQ」を発売。そもそもクオーツとは石英と呼ばれる鉱物の名前である。石英の中でも、結晶化して透明に透き通っているものが水晶であるが、水晶に一定の電圧をかけると従来の機械式をはるかに超えた正確な振動を起こし、時計としての精度を飛躍的に高めたのである。このクオーツの登場は世界の時計産業に衝撃を与えた。その結果、機械式・クオーツ式双方においてセイコーブランドは世界水準となった。

また、クオーツの特許技術を惜しみなく公開したことにより世界的普及に貢献。今ではスマートフォンやパソコンをはじめとし、広範囲で技術が活用されている。そのような功績がたたえられ、世界的に権威あるIEEE (米国電気電子学会) の「革新企業賞」(2002〈平成14〉年) や「マイルストーン賞」(2004〈平成16〉年) を受賞したほか、日本機械学会の「機械遺産」(2014〈平成26〉年) にも認定されている。相澤氏は同ミュージアムの存在意義について、「このように広く

2014年、機械遺産に認定されたローレル12型 (1913〈大正2〉年発売) (左)、初代グランドセイコー (1960年発売) (中)、セイコークオーツアストロン35SQ (1969年発売) (右) (写真提供：セイコーミュージアム 銀座)

産業界に貢献した事実についても、この場所を通じて伝えていきたいです」と述べている。

時と時計の変遷をたどる

　最後に紹介するのは、「自然が伝える時間から人がつくる時間」と題された3階のフロア。時や時計の成り立ちを学べるとあって、時計好きのみならず歴史好きからも高い評価を受けている。紀元前5000年ごろ、エジプト人が作った人類最古の時計といわれる「日時計」、その後「水時計」「燃焼時計」など、自然現象から時を可視化した時代。このフロアでは、時計というものではなく、「時」という目に見えない概念をも展示しているのである。そこから機械式の「鉄枠塔時計」、17世紀には「振り子時計」へと人間の手により、精度を高め発展していった世界の時計の変遷を、実物を見ながらたどることができる。

　また3階では、日本でも有数のコレクションを誇る、欧州から伝来した機械式時計の技術を用いて日本で独自に発展した「和時計」も展示されている。

子供たちに時計の魅力を伝える活動

　先述の通り、セイコーミュージアム 銀座では学習・教育面にも力を入れている。「時計は嗜好品というイメージが強くなっています。特にお子さまの中で時計に興味がない方が増えているというのは課題です」と相澤氏。確かに若者の腕時計離れの傾向は顕在化している。スマホの登場により今や財布も時計も持たない若者は多

3階「自然が伝える時間から人がつくる時間」。他フロアよりも照明が落とされており、より一層重厚な雰囲気 (写真提供：セイコーミュージアム 銀座)

い。そこで少しでも時計に関心を持ってもらいたいという思いから、同ミュージアムでは定期的に子供向けのワークショップを複数実施している。

中でも人気なのが「親子でウオッチをつくろう」という企画。時計の歴史や仕組みを学びながら、親子でオリジナルの時計を組み立てる体験ができるとあって、募集開始から数時間で予約枠が埋まることも多い状況となっている。参加者アンケートでは「時計に興味を持ちました」という子供からの感想や、「学びの機会にもなり、子供と一緒に貴重な経験をさせてもらいました」といった保護者からの感想が多くあり、このようなアンケートの声が、運営メンバーの励みになっているという。

「親子でウオッチをつくろう」ワークショップの様子（筆者撮影）

セイコーブランドの価値向上を目指して

相澤氏と宮寺氏に、今後のセイコーミュージアム 銀座の取り組みについて伺った。宮寺氏は、「引き続きセイコーブランド価値向上につながる活動、これまで時計にあまり興味がなかった層にも興味を持ってもらえるようなワークショップをはじめとした活動を継続してまいります」と語っている。また相澤氏からは次のような抱負を伺った。「お客さまからの要望も踏まえ、グランドセイコーの展示拡充や、コロナ禍の状況をみてガイド付きの館内ツアーを実施したい。また、インターナルブランディングの視点から、創業者の精神をグループ社員全員に根付かせていきたいと考えています」。さまざまな取り組みを通じ、セイコーグループが追究するテクノロジーの進化のみならず、多様化する「時の価値」について考えていく場を今後も提供していくであろう。

銀座から世界に伝える時代の一歩先

長年、日本の時計産業の発展に大きく貢献してきたセイコーグループ。同社の歴史は日本の時計産業の歴史と言っても過言ではない。機械式・クオーツ式時計共に世界水準にまで至った偉業、その源には、「常に時代の一歩先を行く」という創業者の精神が脈々と受け継がれてきたという企業文化がある。セイコーミュージアム 銀座は「時と時計の博物館」として、常にその存在をアップデートしながら、これからもこの企業文化を銀座から世界に発信する場となっていくに違いない。

ドラマで魅了するガイドの神髄

シャープミュージアム

所在地：奈良県天理市　**運営**：シャープ株式会社　**オープン**：2012年

016

奈良県・天理駅からバスまたはタクシーで15分。約23万1000平方メートルの広大な「シャープ総合開発センター」の中に、「シャープミュージアム」は位置している。来館者からは「存在が地味」「こんな所にミュージアムがあるとは知らなかった」と

いった反応が示される、いわば知る人ぞ知る企業ミュージアム。しかし、館内をひとたび巡れば、「ためになった」「面白かった」「次は家族を連れて来たい」など好意的な感想が相次ぐ。このミュージアムの魅力はどういったところにあるのだろうか。

シャープミュージアムの外観（写真提供：シャープ）

シャープミュージアムの概要

　シャープミュージアムの成り立ちは1980（昭和55）年にまでさかのぼる。シャープ創業者・早川徳次の逝去を悼み、功績を後世に伝えるため、1981（昭和56）年11月に「歴史ホール」を設立し、一般公開。同月、最先端技術の成果を一部のステークホルダーに向けて紹介する目的で「技術ホール」を設立。後に両ホールを一般公開し、2012（平成24）年にシャープミュージアムと改名し現在に至る。

　同ミュージアムは、「歴史館」と「技術館」の2フロアで構成されている。総床面積813平方メートルの歴史館にはシャープの歴史的な製品の数々が約290点展示され、総床面積527平方メートルの技術館には、太陽電池の生産過程や液晶の成り立ちなど培ってきた技術が約100点展示されている。これまでの来館者は国内外合わせて64万人超。5人以上の団体の場合はガイドによる館内案内を受けられるほか、少人数のグループや個人の来館者には同社の最新技術を活用したセルフガイド端末の無料貸し出しサービスも行っている。

少数精鋭の運営体制

　同ミュージアムの運営スタッフはわずか

2人。予約受け付けから団体客向けのガイド、館内のメンテナンスをはじめとする業務を少数精鋭で運営している。それ故、他部署との連携は欠かせない。例えば、取材や撮影などメディア関連の業務は広報セクション、社外出展やソーシャルメディアでの情報発信などは、広報のほか、デザイン、ブランドセクションと連携。展示リニューアルやイベントの場合は、担当本部や関係会社などと幅広く連携する。

　また特徴的なのは、シャープを退職した社員有志がミュージアム運営の強力なサポーターとなっている点。有志自らInstagramを活用して同ミュージアムの見どころや展示品のトリビアなどを発信、また遠足や修学旅行の需要が高まる時期には、ガイド役となって児童・生徒たちの誘導を行う。このような心強いサポーターにも支えられ、少ないスタッフでも滞りない

運営が可能となっている。

先見性・独創性にあふれる
シャープのモノづくり

　歴史館では年代順に、国産第1号のラジオやテレビ、世界初の液晶表示電卓といった、現代社会の必需品の日本初、世界初の製品が数多く展示されており、シャープの先見性の歴史に驚かされる。そんな先見性を感じさせられる代表的な製品が「ソロカル」だ。ソロカルは見た目の通りそろばんと電卓が一体となったもの。今では考えられないが、世の中に電卓というものが登場した当初は、計算が本当に合っているのか不信感を抱く人もおり、確かめ算用にそろばんを付けて販売したそうだ。

　また、今となっては当たり前に付いている機能、その発祥が実はシャープだったと

技術館（左）、歴史館（右）の館内（筆者撮影）

そろばんと電卓が一体となった、その名もソロカル（写真提供：シャープ）

いう発見が幾つもあった。例えば、レンジで調理することを「チンする」というが、これはシャープがいち早くレンジに取り入れた機能である。販売当初、導入したレストランのシェフから、あまりに温まるのが速くレンジの扉を開けた時にはもう冷めていたというクレームが寄せられた。そこで着目したのが自転車のベル。自社のサイクリングイベントで、ベルを鳴らしたところ前の人が気付いてよけてくれたという開発者の実体験を基に、タイマーにベルを直結させて音が鳴る仕組みを取り入れた。

　そのほか同ミュージアムには、シェーバーとドライヤーが一体となった「ひげドラ」、ラジオ、テレビ、カセットレコーダー、コンピューターが一体となった「ラテカピュータ」など斬新過ぎて市場にあまり出回らなかった製品も展示。シャープの先見性・独創性に出合うことができる。

1966年　昭和41年

国内初の量産電子レンジ（筆者撮影）

　なお、地域社会や産業の発展に大きく貢献したとして、世界的に権威あるIEEE（米国電気電子学会）の「マイルストーン賞」を、電卓、太陽電池、液晶ディスプレーの3分野で受賞。同一企業で3件受賞は国内初という快挙を成し遂げている。

　このような先見性・独創性あふれるシャープのモノづくりは、早川が常々口にしていた「他社がまねするような商品をつくれ」というメッセージが原点にあり、現在も経営理念や経営信条として受け継がれている。創業者・早川はどのような人物だったのだろうか。

誠意と創意あふれる早川徳次のDNA

1893（明治26）年、東京に生まれた早川は、8歳になる前に年季奉公に出る。ここで後々のモノづくりにつながる金属加工の技術や、モノを売る情熱や客の心をつかむ商売のコツを学んでいった。その後独立し1915（大正4）年、社名の由来ともなるシャープペンシル（早川式繰出鉛筆）を開発し特許を取得。売り込みに訪れた文具店からは何度も突き返されたものの、試行錯誤を重ね1週間に1本新しい製品を作った。品質やデザイン性の高さが話題になり、海外に輸出され大ヒット、その後国内でも普及し始め事業が軌道に乗る。展示されているシャープペンシルの上部に目を凝らすと、はさみや体温計、方位磁石が付いているものもあり、さまざまな工夫が施されているのが見て取れる。

急成長を遂げたシャープペンシル事業だが、その後関東大震災により工場などを失い、シャープペンシル事業を大阪の会社へ譲渡することになった。自身も一念発起し大阪で事業を起こそうと決心。1924（大正13）年に新事業開拓で見つけた新しい事業がラジオだった。1925（大正14）年からラジオ放送が始まるのを前に、輸入された鉱石ラジオを分解し研究を続け、これまで培ってきた金属加工の技術を用い部品を製造し、1925年に国産第1号となる鉱石ラジオセットの組み立てに成功。その後ラジオメーカーとして成長していった。

ラジオの事業がうまくいき始めた頃、次はテレビの時代が来ると考え、テレビの研究に挑戦。1951（昭和26）年にはテレビの試作に成功し、1953（昭和28）年には国産第1号テレビの量産を開始。低価格化も進め家庭への普及に大きく貢献した。誠意と創意あふれる早川のモノづくり精神が、新たな市場を次々と切り開いていった事実に深く感銘を受ける。

来館者との距離が縮まる
成功話だけではない
「ドラマを伝える」重要性

今回館内を案内していただいた、研究

シャープ製宇宙用太陽電池を搭載した人工衛星模型（写真提供：

シャープペンシル（早川式繰出鉛筆）（写真提供：シャープ）

開発本部オープンイノベーションセンターに所属する藤原百合子氏に、ガイドとして案内する際心掛けている点を伺った。それは「ドラマを伝える」ことだという。その重要性に気付くきっかけとなる出来事があったそうだ。2006 (平成18) 年ごろ米国を代表する博物館、スミソニアン博物館の教授がシャープミュージアムを訪れた際、藤原氏は教授に次のような質問を投げ掛けた。「このミュージアムに足りないものは何でしょうか?」

すると教授は「"ドラマ"が足りない」と述べたそうだ。確かにここには完成された歴史的な製品が並べられている。しかし、開発の背景にある人と人との出会いや、エピソードといったドラマの展示がないという指摘を受け藤原氏は、はっと気付かされた。そこからは、当時の資料や退職者へのヒアリングなどを通じ、開発エピソードを案内時の説明に加えるように心掛けている。「ドラマというと成功事例だけではないので聞き手も興味が持てますし、案内するこちらの方も正直な話ができます」と藤原氏。ドラマを伝えることで、来館者との距離がぐっと近くなることを日々実感しているという。筆者自身も館内を巡り、藤原氏から発せられる数々のエピソードに魅了され、活気や情熱にあふれる開発現場に

今回案内していただいたシャープ研究開発本部オープンイノベーションセンターの藤原氏 (筆者撮影)

立ち会っているかのような感覚を覚えた。

ミュージアムの存在意義

　シャープミュージアムはPR資産としてどのような存在意義を持つのだろうか。藤原氏は次のように語った。「110年の変遷には幾多の苦難があり、決断があり、人と人とのつながりがあり、苦難を乗り越えるたびに、獲得したもの、失ったもの、残してきたものがあって、今があること。そのことを次世代に伝承していくのがこのミュージアムのミッションだと心得ています」

　110年の企業の経験には次の時代の社会課題を解決するヒントがさまざまある。それらを多くの人と共有できるのが、このシャープミュージアムなのだ。同じく取材にご同席いただいた別の社員の方は、「このミュージアム自体がいわば経営理念と言えます。2016 (平成28) 年に新しい経営体制になり、会社が変わってしまうのではないかとみられたかもしれませんが、創業者の精神は決して変えてはいけないものとして社員全員に継承されています。新入社員だけではなく経験者採用社員にも来てもらい、会社の成り立ちを再認識できる場になっています」と言う。ここを訪れた社員からは、「自社がさらに好きになった」「自社に誇りを持った」という意見が多く寄せられており、インターナルコミュニケーションにおける要所となっている。

今後の展開と課題

　シャープの足跡や培ってきた技術を、より多くの人と共有したいという思いから、現在、コンテンツのアーカイブ化に取り組んでいる。その一環としてシャープ公式Instagram では展示品を中心とした過去の懐かしい製品を、シャープ公式note ではミュージアムの日常にある小さなドラマを紹介するシリーズを展開しており、今後もコンテンツ拡大が予定されている。課題があるとすれば、次世代のガイド育成。コンテンツも重要だが、その語り部の存在は同じくらい重要だ。音声ガイドでは体感しづらい、インタラクティブなコミュニケーションが来館者のエンゲージメントを生み出すのである。「自身のアバターがいたらいいのに」と、藤原氏は取材中笑みを浮かべた。

ガイドが紡ぐ数々のドラマで来館者を魅了

　シャープミュージアムは、思わず誰かに伝えたくなるような驚きや発見に満ちあふれている。来館者は、そこから課題解決へのヒントを発見したり、新しいアイデアを着想したりできるだろう。次はシャープからどんな新しいことが生み出されるのか、期待も抱くはずだ。また、ドラマを伝えるガイドの存在も、このミュージアムの魅力の一つとして欠かすことができない。案内開始直後から、ガイドの話にぐいぐいと引き込まれ、まるでシャープの物語を旅しているかのような感覚すら感じた。それはガイドの熱意や試行錯誤しながら育んできた高いコミュニケーション技術からくるものに違いない。ぜひ同ミュージアムを訪れて、ガイドの神髄をじかに感じてもらいたい。

創業の精神と目標実現へ向かう姿を伝える

グンゼ博物苑

所在地：京都府綾部市　**運営**：グンゼ株式会社　**オープン**：1996年

綾部市と密接に連携するグンゼ博物苑

　京都府の北部に位置し、由良川水系の恩恵を受けた人口3万人余りの田園都市、綾部市。JR綾部駅から徒歩10分ほどにある観光交流拠点「あやべグンゼスクエア」は、2014（平成26）年に開園された。グンゼ、綾部商工会議所、綾部バラ会によって共同で運営され、敷地面積8257平方メートルの園内には「綾部バラ園」（綾部バラ会運営）「あやべ特産館」（綾部商工会議所管理・運営）と共に「グンゼ博物苑」（はくぶつえん）（グンゼ運営）がある。

　グンゼの本社機能は大阪にあるが、創業の地に残した歴史的建築物を活用し、地域おこしにも貢献したいとのことから、グンゼ博物苑は1996（平成8）年、創業100周年記念事業として設立された。110周年、120周年に行った2度のリニューアル、あやべグンゼスクエア開園、季節ごとのイベント開催により、コロナ禍前は来場者が年間4万2000人までに増加。新入社員、役職者らの研修に活用され、取引先、株主はもとより、年間十数校（2021〈令和3〉年実績は12校）の地域の小・中・高校生や観光客も訪れる。リクエストに応じ対面でのガイドも行っている。

　グンゼ博物苑は、大正時代の繭蔵（まゆぐら）をそのまま活用したグンゼ、綾部、近隣の情報発信をする「今昔蔵」、3棟並んだ展示蔵の「創業蔵」「現代蔵」「未来蔵」の四つの蔵と、展示会などを行っている「集蔵」（つどいぐら）、そして創業者の自宅、社宅を一部移築した「道光庵（あん）（喫茶店）」から成る。また、金曜日のみの開館となっているが、道路を挟んで隣接する「グンゼ記念館」は1917（大正6）年に本社社屋として建てられた洋風建築で、これらを一巡することで、グンゼの"郡是（ぐんぜ）（郡の方針）"たるゆえんが分かる。

　一帯は、経済産業省の近代化産業遺産群に認定されている。グンゼが環境保全

グンゼ博物苑 （写真提供：グンゼ）

グンゼ記念館（写真提供：グンゼ）

に努める中、綾部市が「京都府景観資産」への登録を目指して、周辺の街の電線を地中化し歩道を整備した。明治・大正・昭和期が舞台の映画・ドラマの格好のロケ地になっており、映画「海賊とよばれた男」やトヨタ自動車創業者・豊田喜一郎がモデルのドラマ「LEADERS リーダーズ」、KTS鹿児島テレビ開局50周年記念ドラマ「前田正名—龍馬が託した男—」などが撮影された。今、綾部市と綾部商工会議所が描いている夢は、グンゼの創業者である波多野鶴吉と妻はなの生涯をNHKの連続テレビ小説でドラマ化すること。2015（平成27）年に「NHK朝の連続テレビ小説誘致推進協議会」を設立して招致活動に注力している。

キーコンセプトは人間尊重、優良品生産、すべての人との共存共栄

　グンゼ博物苑のキーコンセプトは、グンゼの創業の精神「人間尊重と優良品の生産を基礎として、会社をめぐるすべての関係者との共存共栄をはかる」を、展示物や資料を通じて伝えることである。取材に際し、ご案内いただいた苑長（取材当時）の高尾規人氏は、この施設を通じて歴史をたどるということだけではなく、「経済的価値と社会的価値を両立するサステナブル経営やSDGsの目標である2030年の『ありたい姿』の実現に向かって歩んでいるグンゼ

をぜひ知っていただきたい」と述べている。

グンゼ博物苑の展示蔵と記念館の展示物を通じて、創業者夫妻が、女性従業員に教育を施したこと、取引先の養蚕農家の利益を守るために奔走したこと、現在、環境負荷軽減製品や、QOL向上に向けた医療品などサステナブルな製品開発に取り組んでいることなどがよく分かる。

創業者・波多野鶴吉について

1896 (明治29)年に創業した郡是製絲は、1967 (昭和42)年に社名変更するまで、"郡是"の漢字を使っていた。この郡是は、"郡(当時の何鹿郡)の方針"を意味する。創業者の鶴吉は、大庄屋・羽室家の次男として生まれ、8歳で母方の波多野家の養子となった。元農商務省次官で明治政府の殖産興業政策を立案した前田正名の「今日の急務は国是、県是、郡是、村是を定むるにあり」という講演を聞き大変感銘を受け、「郡

の発展のためには蚕糸業を地場産業として盛り上げなければならない」という固い信念と身を削るような努力の下に会社を設立。経営者になろうという野心があったわけではない。若い頃の大きな挫折を経て、20代の数年間の教師時代に、多くの生徒たちの家業・養蚕農家の理不尽な扱われ方、貧しい暮らしを目の当たりにし、農家の利益を保護するために奮い立ったと考える方が正しいだろう。

会社設立の10年前、鶴吉は、何鹿郡蚕糸業組合の設立に奔走した。前田の講演会を招致し、地域の人たちに新しい考えを聞かせ、理解促進に努めた。しかし、農家の人たちを動かすことは一筋縄ではいかなかったようだ。皆、ノウハウを自家内に封じ込め、全体の利益のために動こうとしない。最終的には「自分でやるしかないのか」と、会社を設立することを思い立った。設立の際、こだわったのは、養蚕農家一軒

グンゼ博物苑苑長の高尾氏 (筆者撮影)

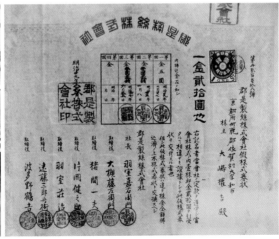

グンゼ記念館には、一株株主向けの20円 (当時の養蚕農家の年収)の最初の仮株券が展示されている (写真提供:グンゼ)

一軒に株主になってもらうことだった。拠出額の多寡が重要なのではない。蚕糸業を振興し、農家の生活を楽にし、一人ひとりが自分ごと化することこそが、鶴吉の狙いだった。こうして養蚕農家と企業が互いに切磋琢磨する、良い循環構造をつくろうとした。

高品質の糸を作るために

綾部という地名は、綾織を職とする渡来した漢人が居住した漢部に由来し、古くから養蚕や織物の産地として知られていた。しかし、1885（明治18）年の全国共進会（品評会）では「粗の魁（劣等品）」という不名誉なレッテルを貼られてしまった。鶴吉の挑戦は、「どこにも負けない高品質な糸を作ること」だった。養蚕農家の作業は、蚕の餌である桑の葉を育てること、また蚕を育てるため、通常の農家とは比較にならないほどの手間がかかり、大事な仕事だった。

一方で当時、日本の生糸は外貨の約3〜4割を稼ぐ主要な輸出品だった。需要は十分にあった。その頃の養蚕農家は、仲買人から価格を一方的に決められてしまったり、生糸が投機対象となり価格の乱高下に翻弄されるなどの悪習にさらされていた。鶴吉はこうした理不尽な状況の是正に動いた。まず乱高下する生糸価格については、毎月5日、10日の相場で取引する「成行先約定」（1901〈明治34〉年）を定着させ、経営を安定させた。次に「正量取引」（1909〈明治42〉年）を導入。事前に等級に応じた買い取りを確約する売買契約を農家と締結し、農家が品質向上に向けて健全

な努力ができるようパートナーシップを築いた。「買って喜び、売って喜ぶようにせよ」と号令をかけ、従業員、パートナーとの良好な関係構築により持続可能な企業経営および社会の相互発展を目指した。

表から見れば工場、裏から見れば学校

ある時、鶴吉は会社幹部から「良い糸を作る農家は、家庭が円満なのです」という

グンゼ記念館には、当時贈呈された記念品（上）、朝礼時の様子や裁縫の勉強をする姿（下）などの写真が飾られている（写真提供：グンゼ）

話を聞き、良い糸のためには、良い家庭をつくること、その前に、良い人をつくるということが重要だと思ったそうだ。鶴吉は、私利私欲がなく、質素倹約に努めた敬虔なクリスチャンとしても知られる。社宅にしていた道光館という建物に、群是の教育部長である川合信水と共に住み、生活を共にしていた。

この道光館はあやべグンゼスクエア敷地内に移築され、保存されている。昼は工場に勤務し工女と呼ばれていた女性従業員に、夜には教育の機会を与え、人間性も含めた育成を行った。キリスト教信者で教育者の川合が教育の責任者を務めた。1917年には、「郡是女学校」を設立。工女には、勤続4年で鏡台が、8年でたんすが嫁入り道具代わりに贈呈された。これらの取り組みは、「表から見れば工場、裏から見れば学校」と言われるほどであった。

幾多の困難を乗り越えた創業者の"信念"

鶴吉の人となり、行動力、信念が企業の危機を幾たびも救うことになる。まず、1度目は、従業員の自発的な人件費削減提案。グンゼ記念館には、会社の業績が悪化した際に、自発的に「自分たちの給料を下げて、会社を守ってほしい」と直訴した従業員たちの上申書が展示されている。2度目は、米国の大手織物業者・スキンナー商会が、郡是の糸の一括仕入れを約束したことだ。オーナーのウィリアム・スキンナー自身が来日して鶴吉と会い、信頼を深め取引を拡大させた。グンゼ記念館や創業蔵には、スキンナー商会向けの生糸商標が飾られている。

3度目は、メインバンクによる実質的な無担保融資だ。郡是のメインバンクであった明瞭銀行、第百三十銀行福知山支店が金融恐慌で破綻し、安田銀行創始者である安田善次郎は政府から郡是の救済を依頼された。安田は、第百三十銀行が無担保で郡是に貸し付けしていたことを不審に思い、自ら鶴吉を訪ねた。門前でかすりの着物を着て掃き掃除をする用務員に、鶴吉への取り次ぎを頼んだが、実はこの用務員こそが、当の波多野鶴吉の"いつもの姿"だったのだ。安田は鶴吉の信念を一瞬で見抜き、融資を継続した。その信頼は生涯揺るがず、郡是が糸価の大暴落で苦境に立った際、病床にあった安田が「万一の際は郡是を救え」と言い残したほどだったという。

皇后陛下が初めて民間企業を視察

郡是は、創業から4年で、フランス・パリ万国博覧会に出品し、見事金牌を受賞した。また、その品質追求の経営姿勢や地域への貢献は、皇后陛下が養蚕を行う天皇ご一家も認めるものとなり、創業から21年後の1917年には、民間企業としては初めて皇后陛下（貞明皇后〈当時〉）が行啓された。当時も皇后陛下が行啓されるということは大変な名誉で、当然地域の一大イベントとなり、道路も行啓の馬車列のために整備された。グンゼ記念館2階には、御座所やお付きの人たちが控える和室がそのまま保存され、下賜品の蚕の一生が描かれた香炉、記録写真などが展示されている。

御座所 (写真提供: グンゼ)

蚕の一生が描かれた香炉 (写真提供: グンゼ)

アパレルへの転換、生糸からストッキング、メリヤス生産へ

1934 (昭和9) 年、フルファッション靴下の生産を機に、郡是はアパレル企業への転換を図った。原材料費の高騰や輸出不振に加え、人絹 (レーヨン) の台頭もあったことから製糸業を次第に縮小し、主力をメリヤス肌着や、ストッキングの生産などに移行した。現代蔵には、カラーストッキングをはき脚を組んだトルソーが大ぶりの花のように堂々と並んでいる。ストッキングは働く女性を象徴するレッグウエアだ。この企業が、創業以来、一貫して女性を応援してきたことがよく分かる。

プラスチック事業、医療事業への拡大

2021年の実績を見ると、アパレル事業の売り上げ構成比は全体の46%、プラスチックフィルム、メディカル分野などの機能ソリューション事業は同45%となっているが、今後はその比率を逆転させていく計画だ。機能ソリューション事業への大き

現代蔵の展示室内 (写真提供: グンゼ)

鶴吉が残した言葉（画像提供：グンゼ）

な転換点は 1962（昭和37）年のプラスチック事業の開始だ。当時、急成長中の石油化学工業の中でもプラスチック樹脂に将来性を見いだし、まずは靴下の包装フィルムを内製化。並行してさまざまな用途の機能性フィルムを研究した。高尾氏は「もともとグンゼには、できるものはすべて自分たちで…という文化があります。パッケージ包装を内製化していたことから、プラスチックフィルム製造の基礎技術を培いました」という。大胆な転換によるプラスチック事業は、スモールスタートだったが、のちにグンゼを支える屋台骨となる。現代蔵には同社で作られたプラスチックフィルムのパッケージが製品と共に展示されている。

　未来蔵には、環境に配慮し運搬時に傷がつきにくい冷凍食品の外装パッケージサンプルや、QOL の向上を目指したメディカル製品などが展示されている。自分の手のひらに切り傷や皮膚損傷の再生手術の映像を投影させるプロジェクションマッ

再生医療体験のコーナーでのプロジェクションマッピング（筆者撮影）

ピング、再生医療体験のコーナーは、最先端医療を疑似体験できる仕掛けとして人気だ。

未来の共創社会実現に向けて

　鶴吉は、多くの言葉を残し、それらはグンゼ博物苑の随所に掲出されている。その中に、「『世の中のため』という荷を加える」というものがある。会社の成長だけを考えて働くと重荷となってしまうため、もう一つ、会社の成長を通じて世の中の役に立つのだという考えを加えるとバランスが取れて働きやすくなる、ということである。もう片側に“世の中のため”という荷を背負っていってほしいという従業員への期待を込めた言葉だ。全国で勤務するグンゼの新入社員の入社式は、毎年、創業の地・綾部で行われているが、創業者の思いは、社長からこれからのグンゼを担う新入社員に贈られ、引き継がれている。

　幾多の困難を乗り越えてきた鶴吉の生涯と、鶴吉の遺志“世の中のため”になる企業活動をより多くの人に知ってもらうための場として、グンゼ博物苑は今後も重要な情報発信基地となっていく。

未来ビジョンへと導く経営の羅針盤

ミツカンミュージアム

所在地：愛知県半田市　**運営**：株式会社Mizkan Holdings　**オープン**：2015年

江戸時代から続く
老舗の意志を凝縮した施設

　創業から200年を超えるミツカングループ（以下、ミツカン）は、江戸時代後期の1804（文化元）年に中野又左衛門によって尾張国知多郡半田村（現・愛知県半田市）に

創業当時のお酢づくりの様子を再現した展示（筆者撮影）

酢屋として創業された。半田では日本酒製造が盛んであったが、製造後に残る酒かすを用いてお酢を作り、これが米を使ったお酢よりも安価でうま味や甘みがあり寿司によく合うことから地元だけではなく江戸まで拡販され、江戸時代の庶民に寿司が普及するきっかけとなった。

　実はミツカンの企業ミュージアムは、「酢の里」として1986（昭和61）年に一度設立されており、江戸時代からの歴史を振り返る資料館となっていた。設立後、皇太子殿下ご夫妻（当時）が視察され、その後に一般公開された。そして2015（平成27）年にその面積を3倍に拡大、体験型要素をたっぷり盛り込んで改修オープンしたのが現在の「ミツカンミュージアム（愛称 MIM＝ミム）」だ。

ミュージアムのコンセプトは
「伝統・革新・環境」

　MIMのコンセプトは「伝統・革新・環境」。これまでの同社の歩みを振り返りつつ、200年余りの活動を経てさらに目指す革新の芽を提示、併せてすべての活動において環境への配慮を忘れないようにしている。

MIM の外観（写真提供：ミツカンミュージアム）

またその役割も三つ規定されており、「ミツカンのファンを作る、エリアの観光資源となる、子供たちの教育の場となる」としている。創業時から受け継がれている変革と挑戦の歴史を背景に、お酢づくりの技術や醸造技術を使った食品による社会貢献を志し、また地域に根差す企業として観光や経済で地域活性化へ貢献し、さらには次世代の子供たちに日本の食文化の魅力を伝えることを目指している。

ミュージアム設立への8代目の覚悟と細部へのこだわり

「実は改修には相当な覚悟が必要でした」と、MIM館長の新美佳久氏。そもそも

景観を損なわない昔ながらの趣を保った周辺の建屋（筆者撮影）

MIMのロゴ（画像提供：ミツカンミュージアム）

のきっかけは、江戸時代の建屋が当時のまま立ち並ぶ中、従業員の安全のためにも耐震補強が必要になったことにある。しかし江戸時代から続く、文化財としても貴重な建築物を壊すことはためらわれる。特に現状維持にこだわったのがミツカン創業家の7代目当主だ。しかし200年を経てまだまだその先が続くとなれば、企業としてはやはり従業員の安全の方が大切だと、8代目当主が改修を英断した。木造から鉄筋になったが、外観は以前の蔵と同じで、一帯の景観は何ら変わっていない。先代の思いもしっかりくみ取ったものとなっている。

「8代目の随所へのこだわりも半端なく、壁一枚、床一枚の隅々まで議論しました。ある部分ではかつて半田市に存在した中埜銀行の外壁を使うなど、歴史感を大切に当時の資材もなるべく再利用しています。館内の雰囲気を損なわないよう販促的なポスターなどは一切貼りませんし、外側だけではなく内側も含めてメンテナンスには気を付けています。中庭の草むしりなんかも社員みんなでやっています。館内の清潔さは利用者アンケートでも評価が高いのですが、清掃スタッフも施設を愛してくれていて、隅々まできれいにしてくれます。関係者の愛着がともかくすごいのです」と新美氏は述べている。

施設の愛称であるMIMもミツカンの社員から公募するなど、社員の参加も大切にしている。ロゴはグラフィックデザイナーの佐藤卓氏によるもので、ミツカン半田工場の屋根が連なる姿を表現しているという。

ミュージアムは五つのゾーンで展開

　MIM は五つのゾーンで構成され、それぞれ「大地・風・時・水・光」がテーマとなっている。最初の「大地の蔵」は江戸時代から脈々と受け継がれてきたミツカンのものづくりの精神を伝えるゾーンである。ここでは、目の前にある大きな桶（おけ）をのぞき込むと階下にある現代の工場がのぞける

ようになっており、タイムトンネル的につながって見える演出もなかなか楽しい。その先のスペースでは桶を担ぐ体験や、たるをたたく音で中に入っているお酢の量を当てるクイズなど子供たちにも楽しい体験型スペースもある。

　次にある「風の回廊」は半田の土地と共に歩んできたミツカンの歴史を、昔からの

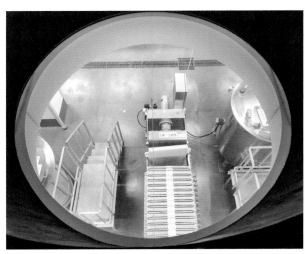

大きな桶をのぞき込むと現在の工場とつながって見える工夫も（筆者撮影）

風の回廊の一番奥に見える、昔からそこにある1本の木（筆者撮影）

船尾から見上げる迫力の弁才船 (写真提供：ミツカンミュージアム)

地域交流の歴史をたどった写真で伝えている。面白いのは、写真パネルを両端に配した風の回廊の一番奥にある窓の外に、その写真にも写っている昔ながらの1本の樹木が見えること。昔からこの地に積み重なってきた幾重もの歴史の存在を、何気ない1本の木が示してくれているのである。風の回廊に入る前の通路では、水のたゆたう空間に独特な現代デザインの風車の立つ中庭が広がる。ここでは風や水、太陽光などさまざまな自然エネルギーを採り入れており、コンセプトの一つである「環境」に配慮した施設となっている。

歴史をひもとくゾーンの最後は圧巻の景観を誇る「時の蔵」である。江戸時代から続くミツカンの変革と挑戦の歩みを、当時にタイムスリップするような空間と映像で見ることができる。会場にある巨大な船は江戸時代に半田から江戸へお酢を運んでいた長さ20メートル、高さ5メートルの大型木造船「弁才船（べざいせん）」である。

来館者は実際にその船の甲板に上り、3×15メートルの巨大な映像を見ることになる。半田から江戸へとお酢を運んだ弁才船が再現されたもので、江戸の寿司文化を花開かせた物語を見るのである。嵐の海を揺れ動く場面では、強烈な風が顔に吹き付けるなどの臨場感も演出されておりアトラクションとしても楽しい。また船の周りの壁面にはミツカンの歴史絵巻もある。

「水のシアター」ではグループビジョンスローガンである「やがて、いのちに変わるもの。」を表現する映像が見られる。「食といのちの春夏秋冬」というテーマで、日本の食が季節の記憶と深く結びついていることを伝えている。この映像は全国各地の四季を1年半かけて撮影しており、出演者はロケ地の地元の人々である。

自らが寿司屋さんに扮して体験できるコーナー (筆者撮影)

そして最後のゾーンが体験型コンテンツの「光の庭」となっている。寿司の握り方を学ぶコーナー、自分の顔写真をプリントしたラベルの「マイ味ぽん」を作れる「味ぽんスタジオ」、さまざまな料理レシピを学ぶスポットなど、特に子供たちに人気だ。

五つのゾーンの中で人気なのは時の蔵の弁才船、並んで光の庭の味ぽんスタジオだそうだ。味ぽんスタジオでは1日にマイ味ぽんの販売本数が100本を超える日も少なくなく、結婚式の引き出物に購入していくカップルもいる。新美氏は、「ほかのミュージアムと違うのは見て回るだけではなく、能動的に楽しむ仕掛けが数多くあること」だと言う。「よくミュージアムの館長同士が集まり議論するのが、"学び"に重きを置くか"エンタメ"に振るかということ。当館では、思い出に残すにはやはりエンタメ要素は必要だと考え、ガイドにしてもいかに楽しんでもらえるかを常に考え、努力しています」と語っている。

90分のガイドツアーはあっという間に

ミュージアムの見学は、ガイドが付き添う90分のコースとして楽しむことができる。MIMでは、実はこのガイドにもかなり力を入れている。参加者の属性に合わせて説明を調整し、来館者の立場になってどう楽しんでもらえるかを常にシミュレーションしているのだ。子供が多ければ歴史の解説よりも体験型コンテンツの時間を増やすなどの工夫をしている。新美氏自身もいろいろなミュージアムに行っては、そこでのガイドの在り方などをいつも研究しているという。

新美氏によると、MIMが何より強いのは、そもそもその語りのベースとなる古文書を自ら保有しているからだという。200年余りの記録を残した史料は、一般財団法人をつくって研究もしており、その数は

一番人気の味ぽんスタジオ（筆者撮影）

コースの最後にあるギフトショップで一番人気のお酢「純酒粕酢 三ツ判山吹」（筆者撮影）

お酢へのとっかかりとして親しみやすくするリーフレットも用意。クイズ形式でリラックスしてから見学コースへ（筆者撮影）

17万点ほど。江戸のどんな時代に何を仕入れたか、売り上げはどのくらいあったのかなどのデータをベースに時の蔵はできている。だから、「この時代でお酢の売り上げは2000両を超えていた」など、具体的なことも語れる。実際に帳簿が残っているからこそできることだ。

ターゲットは小学3年生とその親世代

大人でも十分楽しめる内容であるものの、施設のメインターゲットは実は小学3年生である。「現在のお酢のメインユーザーは60～70代です。若い子育て世代にどうアプローチしていくか。そこで小学3年生とその保護者が学び、体験し、また家庭でもお酢を使った料理を作っていただけるきっかけになればと思っています」(新美氏)

実際、小学生の見学は盛況で、半田地域のほぼすべての小学校が社会科見学として訪れるという。実は先に紹介した、桶を担いだり寿司を握ったりといった体験型コンテンツは小学3年生を想定して設計されているとのこと。

従業員や取引先も

MIMは対外的なアピールのみならず、インターナルにも活用されている。200年を超える歴史をまずは社員に学んでもらう場となっているが、それは国内に限らない。海外拠点から出張で来日する社員もほぼ皆ここを訪れ、感動して帰っていくという。英国から来日した社員は各所の映像にほれ込み、英国の全社員に見せたいと映像を持ち帰った。

「ミュージアム従業員の『MIM』愛はとにかく強く、日ごろの改善提案がすごいんです。業務委託の人も、アンケート用紙の置き場が良くないからこっちに置いたらどうかと進言してくれる。もちろん検討し、30分後にはその提案に対応しました。また以前ここで働いていたOBが車椅子を寄付してくれたこともあります。自分がいた時に車椅子が足りず、見学できなかった人がいたことがずっと心残りでどうにかしたいと考えていて、ならば常設の車椅子を少しでも増やせればということで。とてもありがたいですね」(新美氏)。退職者までがMIM愛を継続させているのは聞いていてほのぼのする話だ。

また、この見学コースには取引先専用の時間帯もある。特別見学コースがあり、1日2枠で実施しているが、休館日 (木曜日) にも駆り出されることが多いという。

ホールディングス会社の
直轄部署として運営

ミツカンでは、MIMはホールディングス会社に直接所属する組織となっている。ミ

本社横の運河のほとりでブランチを楽しもうというイベント「HOTORI brunch」(写真提供：ミツカンミュージアム)

が、2022 (令和4) 年1月に館長に就任した。新美氏はもともとマーケターとしてミツカンに従事しており、企画を考えることが好きで、さらには地元出身ということもあり、半田市での交渉事などにもよく行くという。同年3月には同じく宣伝やプロモーション、営業企画などを経験してきた赤松圭氏も異動してきており、そういった人材がここに投入されていることからもミツカンの本気を感じられる。

　200年を経て次の100年、さらに創業500年へと企業が存続、拡大していく過程において、経営、そして働く者たちの羅針盤、つまり進むべき道を確認するよりどころとしてこのミュージアムの存在はとても大きい。改修オープンから7年たつが、途中2018 (平成30) 年に掲げた「未来ビジョン宣言」をもっと具現化していきたいという思いで、さらにコンテンツを拡充させていく予定だという。2024年3月15日にはリニューアルオープンし、デジタルを活用した楽しい体験を通して学びを得られるコンテンツを拡充している。常に先を見据えるミツカンの活動を楽しみにしたい。

ツカンのコミュニケーションのハブとなっており、経営に直結しつつも、各部門との連携も密だ。対外的な情報発信の核としては広報部門と、社内研修では人事部門と連携し、地元コミュニティーとの連携ということで総務部門とも近いポジションにある。さらには取引先との関係構築では、営業部門との連携も行われる。

　ちなみに地元とのつながりでいえば、イベントがあれば必ずそこには参加しているとのこと。地元コミュニティーに対しては自分たちがやりたいことをやるのではなく、彼らがやりたいことを手伝うというスタンスで、出過ぎないことを心掛けているという。

経営の羅針盤として

　今回いろいろ教えていただいた新美氏は、実はMIMの立ち上げ責任者だという。設立からしばらくMIMを離れていた

お話を伺った新美氏 (筆者撮影)

05 Mazda Museum

「飽くなき挑戦」を
ストーリーで表現

マツダミュージアム

所在地：広島県安芸郡
運営：マツダ株式会社
オープン：1994年

マツダミュージアムのエントランス（筆者撮影）

「マツダミュージアム」は、1994（平成6）年に設立され、2005（平成17）年の創立85周年を機に一度リニューアルされた。さらに創立100周年となった2020（令和2）年1月に2度目のリニューアルオープンを予定していたが、コロナ禍の影響で延期され、2022（令和4）年5月に公開された。同ミュージアムは、マツダスタジアム97個分という広大な本社敷地内にある。2階建てで総床面積が3645平方メートル。本社工場の一部とも隣接し、ミュージアムの展示エリアに生産ラインが含まれている。以前から、クルマづくりに対する思いや企業活動への理解を深められる場として、また、教育現場のニーズに応える社会・地域貢献施設として機能していたが、創立100周年のリニューアルにより、マツダの価値観や思いをより感じられる場に変化したという。

来館者は本社ロビーに集合した後、専用バスに乗り、「マツダの今」とも言える多くの工場建屋を目にしながらマツダミュージアムまで移動する。集合、移動。ここから、来館者のミュージアム体験が始まる。その途中に、後ほど同ミュージアムで見ることになる「戦前の工場」の写真と全く同じ屋根と壁を有した建物が並ぶ。この土地で築いたマツダの歴史を肌で感じることができるひとときでもある。

マツダの始まり

　1920（大正9）年、経営難に陥った広島のコルク会社救済のために、地元財界人たちが松田重次郎と共に「東洋コルク工業株式会社」を創立したことがマツダの始まりである。

　翌年、2代目社長に就任した重次郎は生産を軌道に乗せるが、1925（大正14）年に工場が大火災に見舞われる。13歳の頃から大阪の鍛冶屋で修業をし、高い技術を身に付けるためにさまざまな工場を渡り歩いてきた重次郎は、東洋コルク工業の再建を経て、「機械工業を通じた世界への貢献」を目指すようになり、1927（昭和2）年、「東洋工業株式会社」に社名変更した。1931（昭和6）年には郷里に近い広島県安

渡り廊下の先に実質的な創業者である重次郎の時代の光景が広がるZONE 1（筆者撮影）

芸郡府中村（現・府中町）に新工場を建設し、三輪トラック「マツダ号DA型」の発売とともに自動車業界への進出を果たした。重次郎は、1923（大正12）年に起きた関東大震災後の輸送手段の需要に応えるため、人々の手が届く範囲で活用できるものを世に送り出すことを使命とし、高価な四輪トラックを選ぶことなく、あえて三輪トラックを生産した。

その後、太平洋戦争が始まり東洋工業は軍需工場の指定を受け、銃など軍需品の製造比率が高まった。1945（昭和20）年

に広島に原爆が投下されて町は甚大な被害を受けたが、小高い丘が盾となり工場の壊滅的な被害を免れた東洋工業は、終戦直後から市民への支援を行うとともに三輪トラックの生産に必要な資材を集め始めた。同年11月には民需転換が認可され、終戦から4カ月後には三輪トラックの生産が再開されている。

クルマではなくストーリーを展示

館長の助光浩幸氏がマツダミュージアムのリニューアルの大きなポイントとして強調するのは、100年前から続くストーリーを展示することである。"マツダの技術はすごいだろう"ではなく、"マツダはこんな思いを持ってクルマをつくっている"ということを感じてもらうことを意識しているという。

同ミュージアムは以下10のゾーンに分かれており、マツダが提供してきたクルマや未来のクルマを通して、ものづくりへの思い・ストーリーを伝えている。ZONE 1～6

三輪トラック（筆者撮影）　※終戦から4カ月後に生産が再開された三輪トラックはGA型で、展示車は終戦後に初めてフルモデルチェンジして発売したGB型

が過去、ZONE7~8が現在、ZONE9は生産ライン、ZONE10は次の100年に向けたマツダのビジョンに関する展示である。

ZONE 1 1920-1959 ものづくり精神の原点

ZONE 2 1960-1969 総合自動車メーカーへの躍進

ZONE 3 1970-1985 時代の変化に対応しながら国際的な企業へ

ZONE 4 MOTORSPORTS 企業と技術の威信をかけた世界への挑戦

ZONE 5 1986-1995 さらなる飛躍を期した「攻め」の拡大戦略

ZONE 6 1996-2009 ブランド戦略を重視し新たな成長路線へ

ZONE 7 2010-TODAY 世界一のクルマを造る技術とデザイン

ZONE 8 TECHNOLOGY 人を第一に考えるマツダのモノ造り

ZONE 9 ASSEMBLY LINE 皆様のクルマはこうして生まれる

ZONE 10 TOWARD THE NEXT 100 YEARS 人と共に創る

　各ゾーンでの展示物の説明はキャプションだけにとどまらず、「世相」を表す写真、経営層や社員が語った「言葉」、社員の"クルマづくり"の様子を収めた「映像」などを、展示物の時代に合わせて配置している。

　展示の説明をするスクリプトにもストーリー性を持たせている。例えばユーノスロードスター（1989〈平成元〉年に発売され爆発的に売れたライトウェイトスポーツカー）であれば、「スポーツカーは速ければいいというものじゃない。運転する歓びを肌で感じながら楽しく移動できなくてはいけない」といった当時の開発リーダーの思いを紹介している。

　ZONE 7で描かれる技術とデザインにおける「モノ造り革新」の序章の展示にもストーリーがある。幾度もの困難を乗り越えてきたマツダの直近の大きな転換期は、リーマン・ショック後。「モノ造り革新」を

ZONE 1「ものづくり精神の原点」から続く「過去」を展示する ZONE 2~6。クルマたちが、世相を表す写真や社員の姿・言葉をバックに展示されている（筆者撮影）

ZONE 7の入り口の壁にある写真"CREATING THE WORLD'S BEST CAR"（筆者撮影）

掲げ、技術とデザインによりブランドが生まれ変わったと言っても過言ではない。

ZONE 7には、マツダ車の特徴的な赤いボディカラーで目を引く車種が並ぶ。この空間の入り口の壁に「CREATING THE WORLD'S BEST CAR」の文字と共に、たくさんの部品に囲まれた一人の人物の写真が設置してある。2022年6月に副社長を退任した藤原清志氏。この車種を含め、今の世の中に何を提供すべきか「もう一度創ろう。もう一度発明しよう」という思いから、インスピレーションを得るためにあえて、数万点の部品からなる車を分解し、その真ん中に座ってイマジネーションを働かせている様子だという。

広報など複数の部署が共同で
リニューアル設計

こういったストーリーを展示するリニューアル設計には、「企画進行の主体を総務部、展示内容の検討を各展示に関係する部門、展示方法の監修をデザイン本部」が担当する体制で臨んだそうだ（展示内容の検討は、ZONE 1~7が広報〈社史編纂事務局〉、ZONE 8が開発／生産部門、ZONE 9が本社工場、ZONE 10がデザイン本部）。マツダはデザインについて「クルマに命を吹き込む」という表現を

使っており、マツダミュージアムを記憶に残る体験に仕上げている点にも、非常にマツダらしさを感じる。

「飽くなき挑戦」の「象徴」と生産の「裏側」

マツダには創業時から「飽くなき挑戦」の精神が根付いている。数々の飽くなき挑戦を経て素晴らしいクルマを世に送り出してきたが、その「象徴」と「裏側」をそれぞれ紹介したい。

まず「象徴」として紹介したいのが、「ル・マン24時間」レースで1991（平成3）年に総合優勝した「787B」である。ZONE 2~6は、総合自動車メーカーとして躍進した時期から、バブル崩壊後の経営危機を乗り越え、ブランドメッセージ"Zoom-Zoom"（「ブー、ブー」という自動車の走行音を表す擬音語を英語にしたもの。子供の時に感じた動くことへの感動を象徴）が誕生した時期までの展示となっている。マツダが世界で初めて量産化に成功した自動車用「ロータリーエンジン」も、このゾーンで紹介されている。

ロータリーエンジンはローターの回転から動力を得るもので、通常のレシプロエンジン（シリンダー内のピストンの往復運動を回転運動に変換するもの）と比較すると燃費の悪さというデメリットはあるものの、コンパクトかつ軽量、小排気量にもかかわらず高出力という特徴がある。マツダは、ロータリーエンジンを進化させるため「飽くなき挑戦」を続け、ル・マン24時間レースで「ロータリーエンジンで世界初、日本メーカーで初めての総合優勝」を成し遂げた。その車体787Bが、搭載されていたロータ

ル・マン24時間レースで1991年に総合優勝した787B（筆者撮影）

初代魂動砥石（筆者撮影）

ゼブラ灯を合板に当てることで、このようなゼブラライン
が浮かび上がる（筆者撮影）

リーエンジンと一緒に展示されている。

　「裏側」として紹介したいのは、ZONE 8
で展示されているゼブラ灯と「魂動砥石（こどうといし）」
である。デザイン部門が生み出した魂動
（※）デザインをより多くの人に届けるため
の、つまりは「量産」するための、デザイン
部門と生産部門による垣根を越えた取り
組みが紹介されている。

　デザイン部門が創ったデザインを量産
用金型にする際に生じる"ブレ"をなん
とか減らせないかと考えた生産部門から、
「生産部門が作った量産合板モデルが、
デザイン部門が意図したデザインになって
いるか、デザイン部門が活用しているゼブ
ラ灯で照らして確認するのはどうか」とい
う提案があったという。

　ゼブラ灯とは細長い照明が並んだもの
である。そのゼブラ灯で照らした「ゆがみ
のある合板」と「ゆがみのない合板」が展
示されており、ほんの少しでもゆがみがあ
れば直感的に視覚で確認できることが分
かる。さらに、ミクロン単位のブレもない意
図通りのデザインが人の感情を揺さぶるこ
とから、量産用金型を絶妙に「手で」磨い
ていく砥石、魂動砥石を作ったそうだ。最
高で最良の魂動砥石を生み出すために、1
万2000個以上試作したという。ゼブラ灯

や魂動砥石の展示の横で、そのデザイン・
金型を磨き上げる社員の方々の様子を収
めた映像が公開されており、ますます「熱
い実直さ」が伝わってくる。

※魂動：2010（平成22）年9月に発表された、マツダのデザイン
テーマ。見る人の魂を揺さぶる、心をときめかせる動きを"魂動
-Soul of Motion"と名付け、強い生命力と速さを感じさせる動
きの表現を目指している。

小・中学生に向けた工夫

　広島の小・中学生にとって、日本を代表
する地元の企業のミュージアムを見学でき
ることは非常に恵まれた環境と言える。コ
ロナ禍前は年間約7万人の来館者のうち、
小・中・高校生が半数近くだったという。

現在の技術や開発から生産までの工程を紹介する
ZONE 8（筆者撮影）

進行方向右側には、子供にも分かりやすい展示物が並んでいる（筆者撮影）

創立100周年を記念したリニューアル後、現在は毎月第1土曜日に、開発部門を中心とする現場の社員が来館者に直接説明するパートや、「エンジンの圧縮着火体験」を提供するなど、社員と来館者が直接触れ合う機会を設けている。

　小・中学生を対象にした地域貢献という役割を担うための工夫が、前述の圧縮着火体験以外にも施されている。一つ目は、エントランスに展示されている現在発売中の車種の乗車体験である。コロナ禍以降も、感染状況に応じて対策を徹底し、子供たちが乗車できるようにしているという。「ディーラーやご家庭にある車は"危ないから運転席に座っては駄目"と保護者の方がおっしゃるのは当然。でも、だからこそ安全に乗ることが保証されているミュージアムで、乗車のワクワクを切り捨てることはできない」と、チームで悩んだ末に決めたそうだ。「走る歓び」「動くものに触れた時の感動」「初めて乗り物を自分で動かしたワクワク感」を大切にするマツダらしい決断である。

　二つ目は、現在の開発から生産までの工程を解説するゾーンである。ここでは、進行方向左側では大人向けの情報、右側では子供向けの情報が提供されている。子供向けには、地球環境に優しいクルマづくりの解説、コンピューターによる設計やデザイナーによるデッサンを含め開発がどういったものであるかを説明したパネルが、開発過程で利用される工具と一緒に展示されている。見学コースとしては次に生産ラインが控えており、見学する小・中

学生は、生産するためには何がどんなステップで必要なのか、どれだけの人が関わっているのかを理解した上で進むことができる。

　三つ目は、マツダキッズチャンネルである。これは、開発から販売、そして環境に対するマツダの考え方までを非常に分かりやすくまとめた子供向けの情報サイトだ。写真、イラスト、アニメーション動画、社員インタビューを織り交ぜ展開されている。なお、創立100周年のリニューアルを期に、オンラインミュージアムも開始しており、ドローンで館内を撮影した映像もウェブサイトで見ることができる。

車好きもマツダ好きもそうではない人も

　ZONE 9はいよいよ生産ライン。多品種混流生産のラインなので、コンベヤーに載る車種は千差万別で、さまざまなパーツが次々と組み合わされていく様子は圧巻だ。このゾーンは、やはり来館者が最も盛り上

ZONE 9にある生産ライン (写真提供: マツダ)

がるところである。「クルマ好き、マツダ好き」は興奮する。実際、来館者の中にはファンが多いようで、「愛車 (マツダ車) を一晩中運転して来ました！」「R360クーペで運転免許の試験を受けました」「初代ファミリアのCMに子役として出ていました」「妻が叔父さんの運転するルーチェで嫁入りしてきました。思い出深いクルマです」という声も寄せられたそうだ。

ただ、「クルマ・マツダ好きではない人」が家族や友人に連れられてくる場合も少なくない。ZONE 10では、洗練され美しいデザインの陶芸・ソファなど、車以外のものが展示されている。こういった展示や館内の落ち着いた空間を体験した、"連れてこられた人"からも「とても心地よくなる設計・デザインです」といった感想をもらうという。このように、さまざまな人が楽しめるミュージアムになっている。

「飽くなき挑戦」が見えることで、共感が深まる

　マツダは、環境保護や安全・安心な車社会に寄与する取り組みに加え、アカデミアと共に運転の継続が認知機能の維持・向上に効果があるか検証するなど、まさに創業期を支えた重次郎の想い「機械工業で世界に貢献する」を実践している企業である。デザインを極め続けることもその大きな要素で、このミュージアムにいると、クルマに乗らない人にも、マツダ車に乗らない人にも、マツダが存在することでワクワクしてほしいという気持ちが伝わってきた。マツダで働く人々が「飽くなき挑戦」を続けていることが深く理解でき、ストーリーによって来館者は共感を深めていくことになる。この広島の地で、マツダの世界をぜひ体験していただきたい。

マツダのデザイナーとイタリアの家具職人によって共同制作されたソファなども展示 (筆者撮影)

100周年記念カラーのMAZDA MX-30 (コンパクトSUV) の前に立つ助光氏とミュージアムスタッフの沖田祐璃氏 (筆者撮影) ※100周年仕様車の販売は終了している

金融に向き合う空間

三井住友銀行 金融／知のLANDSCAPE

所在地：東京都千代田区　　**運営**：株式会社三井住友銀行　　**オープン**：2015年

日本人の金融知識

　日本では、「子供の前でお金の話はしない」としていた人が多い時代もあった。しかし、2022（令和4）年4月から成人年齢が18歳になり、金融に関する契約を18歳から行えるようになったこともあり、同タイ

金融／知のLANDSCAPE全景（筆者撮影）

ミングで高校での金融教育が必修化された。つまり「子供の前でお金の話」をするという時代に入ったのだ。また、2023（令和5）年度の税制改正大綱において2024（令和6）年から少額投資非課税制度（NISA）を拡充する方針がまとまり、今まで以上に一般生活者も積極的に投資を行える制度が整いつつある。

　だが、それら金融商品を運用する生活者側に知識が豊富にある状態かというと、疑問を持つ人も多いだろう。前述の通り、ようやく2022年に金融教育が学校で始まった状況であり、金融広報中央委員会が3年置きに実施している「金融リテラシー調査」でも2016（平成28）年、2019（令和元）年、2022年と生活者の金融リテラシーに変化はないことが分かっている。一方で、2022年の同調査では「生活設計や家計管理等の『金融教育』は、学校で行うべきと思いますか」という設問に「金融教育を行うべきと思う」と答える人が71.8%と、多くの人が金融教育に対しニーズを感じていることが明らかになったほか、金融リテラシーの正誤問題で正答率が高い人は金融トラブルに遭いにくい傾向が見られるなど、さまざまな側面から金融知識・教育・リテラシーに対する必要性が浮き彫りになった。

　そんな中、座学ではなくユニークな方法で「金融」に触れられる場所がある。それが三井住友銀行の「金融／知のLANDSCAPE」だ。

地球儀を回して考える

三井住友銀行といえば、1876（明治9）年に創立した三井銀行とその19年後の1895（明治28）年に創業した住友銀行がそれぞれ幾つかの銀行と合併し、2001（平成13）年に両行が合併した日本有数のメガバンクだ。その三井住友銀行が運営する金融／知のLANDSCAPEは、三井住友銀行本店が所在する東京・大手町にある。本店から通りを一本挟んだ三井住友銀行東館、「ライジング・スクエア」の2階がミュージアムだ。2015（平成27）年に三井住友銀行東館の竣工と同じタイミングでオープンした。

ここにミュージアムを設けることになったのは、三井住友銀行東館の建設を検討する際に、地域活性を目的とした施策を東館の中に設けようと考えたためだという。

三井住友銀行東館の外観
（写真提供：三井住友銀行）

大型合併によってできた企業故に、多くの企業ミュージアムのように創業者の思いや思想を前面に押し出したメッセージを発信しているわけではない。

ただし、場所は東京・大手町。日本でも屈指の金融街で、少し歩けば日本銀行の貨幣博物館があり、金融／知のLANDSCAPEの設立同年には同じ地区に三菱UFJ信託銀行信託博物館もオープンしている。銀行が有するミュージアムといえば、銀行がその地域で果たしてきた役割や歴史を展示するところが多い。しかし同行が選んだのは、より多くの人に開かれた金融の基礎教育の場を提供することだった。

金融／知のLANDSCAPEに入る前の1階には、実際の地球の1000万分の1サイズのデジタル地球儀「触れる地球」がある。これは、世界初のインタラクティブなデジタル地球儀で、リアルタイムの気象情報や地震・津波、渡り鳥などの地球規模の移動、人口爆発や地球温暖化、PM2.5など、さまざまな地球の姿を映し出している。「触れる地球」という名前の通り、自分でこのデジタル地球儀を触り、動かすことによってさまざまな角度から地球を見ることができる。

なぜ金融のミュージアムの入り口に地球儀を設置するのか。三井住友銀行管理部の樋口由輝氏に伺った。

「私たちの社会や毎日の生活は、この地球という惑星の大きなシステムの連鎖の中で成り立っています。安全で安心な暮らしも、食料や水、エネルギーの持続可能

触れる地球 (写真提供:三井住友銀行)

性も、多様な生命の生態系を育む環境の問題も、常に地球目線で考えていくことが必要な時代に私たちは生きています。金融／知のLANDSCAPEとこれが入るライジング・スクエアでは、そうした今日的な課題をグローバルに捉え、その解決に向けた金融の役割を考えることをテーマとしています。そのために、地球と人間の関係をさまざまな視点から考えるツールとして、この『触れる地球』を設置しています。また、そういったリアルタイムの地球の変化や地球規模で連鎖する今日の社会課題の実態とその解決の可能性と共に、そこで行っている当行の活動も併せて紹介しています」

刻々と変動する地球と私たちの暮らしの関係に気付くことで、その後に体験する金融の世界がそこにどのような役割を果たしているのかという視点を持って臨むことができるようになる仕掛けだ。

自分と金融の新たな関係の発見ができる「モノリス」

触れる地球を体験し2階に上がると、映像や音声が流れる複数の柱のある空間に出る。ここが金融／知のLANDSCAPEだ。この高さ3メートルの柱は「モノリス」と呼ばれ、「知の柱」を意味する。柱は8本あり、それぞれ500以上のコンテンツが表示される。ガイダンスの柱のほか、クリエーション、エコロジー、グローバル、ダイバーシティー、インフォメーション、ライフ、リビングという七つのカテゴリーに分けられている。すべてタッチパネル式になっており、下から上に人物の画像や大小振り分けられたコンテンツのタイトルが流れている。

一見すると「なぜこの人がここに?」という人物の画像もあり興味をそそられる。それぞれのモノリスの造りは同じで、人物の画像をタッチすると、過去の人物であればその人の金融に対する考えや言葉が表示され、インタビューが可能な人物に関しては、テキストで質問が表示された後に、その人物の回答しているシーンが流れる。一方コンテンツのタイトルをタッチすると、その説明がテキストやイラストで表示される。

三井住友銀行は、この金融／知のLANDSCAPEを「自分と金融の新たな関係が発見できる場所」と位置付けている。「金融」そのものの知識を得るというよりも、それぞれのカテゴリーを入り口にして自分と金融の「関係」を発見するというのが狙いだ。そのため、前述の人物の画像やコンテンツのタイトルをタッチして見ていると、今見ていたコンテンツにひも付く別のコンテンツが幾つか示される。つまり、「課題A」と「課題B」が実はひも付いていることや、「歴史上のトピックC」と「現

関連を示すモノリス（筆者撮影）

在の法律D」が同じ流れをくんで制定されていることなど、自分ではなかなか気付かない関連性を示唆してくれるのだ。

　知識は持っているだけでは宝の持ち腐れになってしまう。しかし、ここで体験するように、仕入れた知識が実は別の事象とひも付いており、さらにそれが今までにない発展を遂げているなど、関係性を認識して知識を見つめてみると、新しい疑問や別の事象とひも付けてみる思考が生まれてくるようになる。それぞれのカテゴリーを入り口にして、金融だけではなく金融を含めた自分と社会の「関係」を考えるようになるのだ。

　例えば何かの行動を起こすときに書籍を読むなど何かしらの方法で知識を仕入れたとしても、一人でやろうとするとかなりハードルが高い。それは視点が固定化されていたり、有する知識に偏りがあったりするなど、幾つかの理由が考えられる。こ

れを解決するには、例えば他人と話すなど、別の視点や知識から事象とその関係を見ると比較的容易になることがある。それは、自分とその事象の関係をより大局から見られるようになるからだろう。それがこの金融／知のLANDSCAPEではモノリスで明示されており、思考の補助線を多く引いてくれるのだ。しかもその操作は簡単で、感覚的に体験できるところも良い。

実業家もアーティストも 漫画のキャラクターも

　モノリスに流れてくる映像は、子供や車椅子を使用している方も触りやすいように、床面から上に向かって流れている。金融をテーマにするミュージアムのため、小学校低学年ではコンテンツを理解しながら楽しむのはまだ難しいかもしれないが、それでも「銀行の仕事って何?」「お金の図鑑」「自然を生かして環境を守る」などのコンテンツは「KIDS」のタグが付けられ、難しい漢字には読み仮名が振られ、比較的平易な文章で構成されている。また、各界の著名な方々のインタビュー動画については音声で体験できるため、その本人の話を伺っているような臨場感があって面白い。

　インタビュー動画には、写真家の石川直樹氏、小説家の朝吹真理子氏、アーティストの舘鼻則孝氏など、一見すると「なぜこの人に金融のインタビューを?」という人物が登場している。もちろん経済学者や実業家など、より金融に関連性のある方々のインタビューもある。個人的に面白いと感

じたのは前者のインタビューだ。

　例えば舘鼻氏は、東京芸術大学の卒業制作で制作したヒールレスシューズが米国の歌手レディー・ガガ氏の目に留まり、卒業した年の4月から2年ほど彼女の靴をデザインしていた。そのときに必要だったアイテムは数多くあるだろうが、その一つが資金、そして口座だったと話す。事業を始めるにしても、資金は現在の経済システムでは欠かせないアイテムだ。それを大学卒業後すぐに自前で用意するのが難しいというのは想像に難しくなく、金融というシステムの力を借りて背中を押してもらったのだという。

　こういった話はなかなか表に出てこない。なぜなら、あえて「金融」の話を作家やアーティストなどから聞こうという発想もなかなか出てこないからだ。しかし現代を生きる私たちは、金融というシステムを抜きにして生活を成り立たせることは難しい。その事実を理解するには一見金融とは関係のないような人たちの話を聞くことが有効なのだということに、このインタビューは気付かせてくれる。その事実が自分にも当てはまることであり、どんな人にも当てはまることを示してくれるのだ。

　インタビューの登場人物はこのほかにもさまざまだ。前述のような写真家や小説家、アーティストに加え、漫画「インベスターZ」の主人公の財前孝史や、落語家の林家たい平氏など、話を聞いてみたくなる方が数多く登場する。

　金融と聞くと、なんとなく自分とは距離があり、学ぶにはハードルが高いと感じてしまう人もいるだろう。そういう人にとっては、聞いたことのある名前の方や漫画のキャラクターが話をしてくれるとなったら、ぐっとそのハードルが下がり金融を知る入り口に立ちやすくなる。

　これらの工夫があるおかげで、金融にある程度知識を持つ方が来館しても金融と自分の新たな関連を見つけることができるだろうし、金融初心者が金融について知りたいと思ったら最初に足を運ぶ場所としても適している仕立てになっている。

サステナビリティー活動としての金融経済教育

　三井住友銀行を含むSMBCグループでは、金融経済教育をサステナビリティー活動の一つとして位置付けている。現代社会では、多重債務問題や金融犯罪など、「お金」にまつわるさまざまな問題が存在する。三井住友銀行では、子供から大人まで幅広い世代を対象にした金融経済教育に取り組むことで、誰もが「お金」に対する正しい知識を身に付け、安心して暮らせる社会の実現を目指している。金融／知のLANDSCAPEもその金融経済教育の場として存在し、進化している。

　社会のために「金融」は何を創造してきたか、「金融」が約束する未来とはどのようなものなのか、そうした問いについて考えるきっかけを提供するのも金融／知のLANDSCAPEの役割だ。今後ますます重要性が高まる金融リテラシー。その入り口として金融／知のLANDSCAPEを訪ねるのもいいかもしれない。

07 Asics Sports Museum

スポーツの感動と発展への貢献を訴求

アシックススポーツミュージアム

所在地：兵庫県神戸市 　**運営**：株式会社アシックス 　**オープン**：2009年

054

日本を代表するスポーツメーカー、アシックス。同社の発展史はアスリート一人ひとりの集合体であるスポーツ界の発展の軌跡に大きくオーバーラップする。実際に東京2020オリンピック・パラリンピック競技大会でも陸上競技、野球、レスリング

アシックススポーツミュージアム正面玄関
（写真提供：時事通信社解説委員 小林伸年）

の日本代表選手をはじめ、米国の円盤投げ選手バラリー・オールマン氏やバミューダ諸島のトライアスロン選手フローラ・ダフィー氏など多くの国内外の選手の記録を支えた。本稿では、創業時からのあまたある製品とそれを着用した選手の記録を内外に訴求し、社名の由来となった創業哲学「健全な身体に健全な精神があれかし（ラテン語では"Anima Sana In Corpore Sano"）」を伝える、「アシックススポーツミュージアム」を紹介したい。

　アシックススポーツミュージアムは神戸の人工島、ポートアイランドに位置するアシックス本社東館の中にある。創業60周年事業の一環として2009（平成21）年に設立された。同ミュージアムはスポーツが生み出す感動を伝え、スポーツ文化の未来に貢献する同社の発信拠点でもあり、入館料は無料となっている。地元神戸の小・中学生が課外学習に訪れるほか、スポーツを研究する学生や、教育関係者も訪れ、コロナ禍前には株主の見学会も開催されていた。

　また、これまで元マラソン選手の高橋尚子氏、有森裕子氏、ラグビー選手のリーチ・マイケル氏など同社にゆかりあるアスリートなども多く来館している。館内に多くの著名アスリートがサインした大きなボードが掲示されているが、すでに3枚目となっている。コロナ禍前の2019（令和元）年まではこうした多様な人々を含め、毎年平均1万2000人が来館していた。

　アシックススポーツミュージアムは1階の「アスリートフィールド」と2階の「ヒス

1階アスリートフィールド（写真提供：アシックス）

トリーフィールド」により構成されている。いずれの階も約450平方メートルほどで、製品だけでも常時約350点が展示されており、頻繁に入れ替わる。その大部分はアシックスがサポートするアスリートが着用したもので、直筆サインが書かれている。海外からの来館者に対応すべく英語、中国語による音声ガイドもある。同ミュージアムでは、2022（令和4）年11月から和英対応のバーチャルツアーも始めており、コロナ禍でも遠方からでも展示物を見ることができる。

アスリートの超人的パフォーマンスと
シューズでスポーツへの関心を喚起

1階のアスリートフィールドは、鍛え抜かれたトップアスリートのパフォーマンスを体感できるアトラクションのコーナーだ。アスリートの走りに合わせて光が走るLED速度体感システムや、138インチの大型

ディスプレーの映像を通じて、彼らの高いパフォーマンスを体感でき、圧倒された来館者がアスリートやスポーツに興味を持つ仕掛けとなっている。100メートル走では9秒58という世界最高速を体感できる。

また、足元を見ると、フィールドには元マラソン選手の野口（のぐち）みずき氏の競技時の平均歩幅を示した足跡がつけられていた。野口氏は、身長以上の歩幅で走ったという。ジャンプするようなダイナミックなストライド走法で42.195キロメートルを走り通すのだ。このコーナーではそういったアスリートの超人的な能力を実感でき、アシックスファン、スポーツファンではなくても楽しめる体験が提供されている。

また、このエリアにはアシックスがサポートする多様な競技のシューズが展示されている。シューズ一つとっても競技や選手ごとに特徴がある。例えば、ランニングシューズや短距離走用スパイクは前へ

2階ヒストリーフィールド内アスリートヒストリー（写真提供：アシックス）

の移動のみ考慮されているが、バスケットボールシューズは横にも動きやすく、捻挫しないようかかとを保護するなどの工夫がされている。こうした競技や選手ごとのシューズの特徴を比較できるのも、来館者のスポーツへの関心を喚起する作戦だ。

シューズに秘められた
アシックスと選手たちのヒストリー

2階のヒストリーフィールドでも、同社歴代の契約選手が使用した製品を展示しているが、趣旨は企業理念や歴史の訴求となっている。その半分は「アスリートヒストリー」という、アシックスがこれまでにサポートした著名アスリートが使用したシューズなどの製品を、その選手の経歴や業績と共に陳列したコーナーだ。

2階の残り半分は、オリンピックなどの時代ごとのスポーツイベントや、当時の同社製品、それを使用した選手の偉業を順次見ていくことで、戦後のスポーツ発展史とアシックスの事業戦略や製品づくりにおけるスピリットを観取することができる「コーポレートヒストリー」の展示だ。同社の歴史的製品のシューズがメインに陳列されている。このコーナーは古いバスケットボールシューズの展示から始まる。

スポーツを通じた青少年の育成と
戦後からの復興

アシックスは創業哲学 "Anima Sana In Corpore Sano（健全な身体に健全な精神があれかし）" が社名の由来となっている企業であるが、戦後の混乱期である1949（昭和24）年の創業時は「鬼塚株式会社」という社名であった。創業者の鬼塚喜八郎は鳥取県出身で、もともとの姓は坂口であった。徴兵検査を受け合格し見習士官を経て将校となったが、一度も戦地に赴かず終戦を迎えた。

喜八郎は見習士官時代に同じ連隊にいた中尉の上田皓俊と懇意になった。上田は喜八郎に、自分の身にもし何かがあったら、自分が養子になる予定であった神戸の鬼塚夫婦の面倒を見てほしいという言葉を残し、戦地で亡くなってしまった。喜八郎は、この上田の遺言を律儀に守り、代わりに鬼塚家の養子となったのであった。

当時の神戸・三宮や元町では空襲で家を焼かれて身寄りのなくなった青少年たちが非行に走っていた。ヤミ市には若者がたむろしており、喜八郎は「生き残った自分は日本を良くするために人生を送りたいが何をすればよいのか」と相当悩んだという。そこで軍隊にいた時の仲間だった兵庫県教育委員会保健体育課長の堀公平を訪ね相談した際に、古代ローマの「(もし神に祈るならば)健全な身体に健全な精神があれかしと祈る(べきだ)」という有名な格言を教えられ衝撃を受ける。当時、神戸にはゴムのシューズを作る会社が多かったことから、人の心身を健全にするスポーツシューズで青少年の現状を打破したいと考え、創業した。

そして、大企業に立ち向かうために事業を一点に集中する「キリモミ商法」という戦略で、製造が最も困難といわれたバスケットボールシューズの開発に着手し、1950(昭和25)年に第1号を発売。その後も改良を重ね、酢の物のタコの吸盤からヒントを得たソールにくぼみをつけたシューズを1951(昭和26)年に作り上げた。それまで世になかった鬼塚の画期的な製品である。

吸着盤型バスケットボールシューズ「チャンピオンタイガー」(写真提供:アシックス)

アスリートを第一に考える「現場主義」

アスリートの練習や競技の現場に赴き、選手やコーチとのコミュニケーションから課題を見つけ、アイデアを出して製品を作り上げていく。このアシックスの「現場主義」のDNAは、創業時から織り込まれており、科学的アプローチで進化していった。分かりやすいのはマラソンだ。NHK大河ドラマ「いだてん〜東京オリムピック噺〜」に見られたように、戦前から日本はマラソンに強く、創業当時も人気競技だった。

当時のマラソン選手は、「痛みに耐えて一人前」といわれ、マメが破れて足の裏が血まみれになっている選手も多かったらしい。喜八郎はマメができる原理を学ぼうと大阪大学の医学博士を訪ね、足で地面をたたく際に生じる衝撃熱と、靴の中で足が動いて発生する摩擦熱を冷やすために体中のリンパ液が集まり、水膨れ(マメ)ができることを知る。そして足裏が熱くならないよう、空冷式エンジンの仕組みを応用することを思い立つ。

空気が出入りできるように靴の爪先とサ

イドに穴を開け、ベロと呼ばれる甲の部分にも空気を取り入れる大きな開口部を設けた。さらに靴底の中央部を湾曲させて浮かせ、地面に足が着くとふいごの原理で靴の中の熱い空気を押し出し、湾曲した元の形に戻る際に外から冷たい空気が入って中を冷やすベンチレーション構造にした。

当時のマラソン選手が「魔法の靴」、と評したため、このシューズは「マジックランナー」と命名され人気を博した。オニツカのマラソンシューズはトップアスリートをターゲットとした同社の「頂上作戦」の象徴となり、1964（昭和39）年の東京オリンピックではマラソンを含め、同社製シューズを履いた選手やチームなどが47のメダルを獲得。それ以降、マラソン日本代表選手の多くは、オニツカのシューズを選ぶようになったという。

初代マジックランナー（写真提供：アシックス）

競技用マラソンシューズで差別化

その後、社名を「アシックス」と変えてからも快進撃は続く。1988（昭和63）年のソウルオリンピックでは同社製シューズを履いた男女マラソン選手が共に金メダル、1992（平成4）年のバルセロナオリンピックでは金メダルと銀メダルを獲得した。

当時、レース用であるマラソンシューズのカテゴリーを持っていたアシックスは珍しい存在であった。ほとんどの会社はランニングシューズカテゴリーの中に、マラソンレース用と一般ランナー用を設けていた。アシックスのマラソンシューズの商品数とローンチ頻度は他社をしのいでいた。人によって異なる骨や関節の並びといった体の特徴（アライメント）やランナーの走法などの特徴に合わせて適したシューズを開発していたからだ。

さらに選手の体の可動域などを計測し、トップアスリート一人ひとりに合わせて特注でシューズを作っていた。シューズとけがの関係は深いが、けがをしてアシックス製に乗り換えるという選手も多かった。こうして2000年代になっても、高橋氏や野口氏をはじめとする、多くの国内外アスリートの記録樹立を支えた。

高橋氏着用シューズ「ソーティージャパン（特注）」（写真提供：アシックス）

科学的アプローチで
一般ランナー向け製品を開発

　トップアスリート用シューズで培われた人体の研究は1980年代以降、一気に増えた一般ランナーに向けたジョギング・ランニングシューズにも生かされている。アシックスは一般ランナー向けシューズでも世界に確固たる地位を築いた。アシックススポーツミュージアム・アーカイブチームの福井良守氏によると、走り方の特徴は個人差が大きい。

　例えば、足がかかとから着地する時には、その衝撃を分散するためにかかとがわずかに内側に倒れ込むようになる「プロネーション」という自然な動きが出る。骨盤が大きくて足が長い人はそのプロネー

ションが大きく、傾きが大き過ぎれば膝や足首を痛めやすく、ランニング障害になりやすい。そのため、アシックスは走り方を3パターンに分類し、タイプに応じてけがが生じにくいシューズを開発し、一般ランナー向けラインアップも充実させている。

　1985（昭和60）年に設立されたアシックススポーツ工学研究所では、「ヒト」を中心に捉えた科学的なアプローチから体の動きの特徴をあらゆる観点で詳細に分析をしている。1階の展示コーナーには、「ランニングシューズの8大機能」が掲げてあった。計測しにくいシューズのフィット性をはじめ、クッション性、グリップ性、耐久性、屈曲性、軽量性、通気性、安定性をすべて数値化し、着用者ごとに計測して、そ

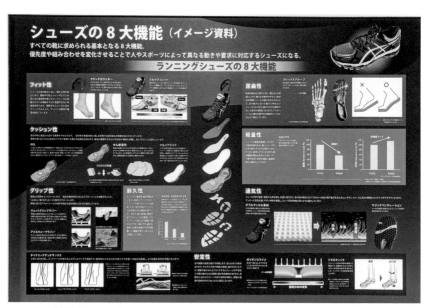

シューズの8大機能を解説するボード（写真提供：アシックス）

のランナーにとって最適なシューズを科学的アプローチで作り上げることができるという。マジックランナーから半世紀以上を経て、長距離を走るためのシューズはここまで進化しているのだ。

スポーツを通じた
健全な青少年の育成による地域貢献

アシックススポーツミュージアムでは、ミュージアムの設立理念である「スポーツを通じた青少年の健全な育成による地域貢献」を実践すべく、これまでにさまざまなイベントの開催・協賛をしている。

例えば、小学生に地球環境を守る大切さの講義を行い、自宅にある不用になったスポーツウエアを回収して世界の難民に送る取り組みなどの「スポーツ環境校外学習」を開催している。また、Jリーグやなでしこリーグなどの現役スポーツ選手やOB・OGが「夢先生（通称ユメセン）」となって、「夢を持つことの大切さ」や「仲間と協力することの大切さ」などを伝えていく活動への協力を行った。

現在は現地およびオンラインでの「ミニチュアシューズワークショップ」も開催している。ここではシューズ製造時に出る端材で作られたシューズのパーツをのりでつなぎ合わせて立体化させ、約8cmの小さなシューズを作る。

デザインは本物のアシックスブランドのシューズと同じである。作りながらモノづくりの楽しさや、モノを大切にすることの大切さを体感できる。子供だけではなく大人も楽しめる内容だ。アシックスの新入社員

ミニチュアシューズ製作のワークショップも実施
（写真提供：アシックス）

研修にもこのミニチュアシューズ作りは導入されており、九つのパーツを組み立て、シューズの構造を理解し、モノづくりの楽しさや難しさを学ぶという。

歴代シューズに見る
スポーツが生み出した感動の歴史

アシックススポーツミュージアムはアスリートの身体研究を通じて開発され続けたスポーツ用具といういわば裏方からの視点で、トップレベルのスポーツの感動がどのように創り出されていったのかをスポーツの進化の歴史と共に再発見できる場所だ。まさにスポーツの感動を伝え、スポーツ文化に貢献するという、同社のブランディングに資する発信拠点となっている。意中のアスリートをスポーツ用具がどう支えているのか、ぜひ見に行ってほしい。

08 Yanmar Museum

挑戦体験を繰り返し、日常へ

ヤンマーミュージアム

所在地：滋賀県長浜市　**運営**：ヤンマーホールディングス株式会社　**オープン**：2013年

農業の機械化で人々の仕事を楽に

「ヤンマーミュージアム」は、滋賀県長浜市の琵琶湖畔にある。JR北陸本線長浜駅より徒歩10分程度の、琵琶湖から北陸本線の線路を挟んだ旧長浜工場跡地の一部がミュージアムになっている。長浜は、江

ヤンマーミュージアム外観（写真提供：ヤンマーミュージアム）

戸時代には大通寺の門前町や北国街道の宿場としても栄え、現在でもその町並みを生かした町屋や黒壁の残る観光地だ。また、東京・新橋～横浜間に日本初の鉄道が開通してからたった10年後の1882（明治15）年に、東海道本線の全線開通より先に長浜駅を起点とした鉄道が開通し、鉄道の要所として栄えた町でもある。

ヤンマーの創業者、山岡孫吉はそんな長浜の土地で貧しい農家の子供として、1888（明治21）年に生を受けた。「陸蒸気（蒸気機関車）」が長浜を走り始めてから6年後のことだ。

ヤンマーミュージアムを運営するヤンマーホールディングスは、以前は「ヤンマー株式会社」、そしてその前は「ヤンマーディーゼル株式会社」といった。名前から分かる通り、もともとディーゼルエンジンの開発・製造がヤンマーの屋台骨であり、孫吉がディーゼルエンジンの安全性・経済性・耐久性に優れた点に魅了され、小型ディーゼルエンジンを開発・製造したことにヤンマーの事業としての起点がある。

孫吉が子供の頃は、日本ではエンジンを搭載して動く物は身の回りにほとんどなかった時代だ。孫吉はたまたま日本でも相当早い段階で蒸気機関車が走る土地で育った。大量の人や物資を一度にものすごいパワーとスピードで運ぶ機関車を見ては、そのエネルギーが人々の暮らしを違う次元へ連れて行ってくれる可能性を感じていたことは想像に難くない。

孫吉は農業の機械化により農家の人々

の仕事を少しでも楽にしたいと考えていた。そのため、小型ディーゼルエンジンを開発する前は、石油エンジンを使った動力もみすり機、動力精米機、動力ポンプなどを次々に作り出していた。その後、新たな事業のヒントを求めて訪ねたドイツでディーゼルエンジンに出合い、帰国後、小型ディーゼルエンジンの開発に打ち込み、1933（昭和8）年12月23日、ついに世界で初めてディーゼルエンジンを小型実用化した「ヤンマー小形横形水冷ディーゼルエンジンHB形」の開発に成功する。

　孫吉がドイツで見たディーゼルエンジンは、高さ3.2メートル、重さ5.8トンもあり、普及させるには大き過ぎる物だった。それを小型化すれば、より多くの人たちに、さまざまなシーンで使用してもらえる動力となると考えての開発だった。HB形で小型化に成功したといっても、高さは95センチメートル、重さは500キログラムあり、人が一人で簡単に動かせる物ではなかったが、HB形を改良したS形は、設置して使用する全自動もみすり機などに搭載され、人々の暮らしを少しずつ変えていった。

　このように試行錯誤を重ねながら「燃料報国」の精神で絶えずチャレンジを続けていた孫吉の思いは、現在もヤンマーのブランドステートメント「A SUSTAINABLE FUTURE」に受け継がれている。

　ヤンマーミュージアムは、2012（平成24）年のヤンマー創業100周年記念事業の一環として建設が開始され、2013（平成25）年

「ヤンマー小形横形水冷ディーゼルエンジンHB形」（手前）。日本機械学会により「機械遺産」に、また、経済産業省より「近代化産業遺産」に認定されているほか、国立科学博物館の未来技術遺産に登録された（写真提供：ヤンマーミュージアム）

3月にオープンした。当初は農業やものづくりを学ぶ展示が中心だったが、2019（令和元）年10月に体験しながら学ぶことができるチャレンジミュージアムとしてリニューアルオープンした。その背景には、2016（平成28）年に「A SUSTAINABLE FUTURE──テクノロジーで、新しい豊かさへ。──」という新たなブランドステートメントを打ち出したことがある。

リニューアルに際しては、この精神を反映させるべく「やってみよう！　わくわく未来チャレンジ」をコンセプトとして、自ら動き出すこと、諦めずに工夫することを、未来の社会を担う子供たちが見て触れて体験しながら学ぶことができるように設計された。本稿では、この「A SUSTAINABLE FUTURE」と、その基となった創業者の「燃料報国」の精神をどうやってミュージアムとして表現しているかを、「来館者のターゲット設定」「再来館を促す仕掛け」「日常との接続性」という切り口で見ていく。

ターゲットは 「小学5年生の子供を持つ家族」

ヤンマーミュージアムのリニューアルに際しては、来館者のターゲットを「小学5年生の子供を持つ家族」と設定した。リニューアル前は、製品の展示や創業者の功績、同社の歴史紹介などに重点が置かれていたため、大人の研修旅行需要が多く、来館者の中心は大人だった。それをリニューアルに際し、創業者・孫吉の「困っている人を助けたい」「新しい未来を創り

たい」というチャレンジ精神を伝承し、ヤンマーが考える未来を体感する方法として適しているのは何かを考え、「小学5年生」という年齢設定と、「体験型」という在り方になった。

「チャレンジ精神を育む」といっても、一朝一夕にできることではない。チャレンジしてみたい気持ちがあり、そこに失敗を許してくれる土壌があり、再度チャンスが与えられる環境がある、ということが重要である。チャレンジすることがポジティブな未来に続く可能性があることを1日もしくは数時間の体験で信じるきっかけをつかめるのは、何歳くらいまでだろうか。館内のコンテンツを体験しながらそれを実感できる年齢として、小学5年生は適当なのだろう。

ターゲットが「小学5年生」ではなく「小学5年生の子供を持つ家族」と設定されているところもポイントだ。滋賀県内の小学生は校外学習として来館する機会もあるとのことだが、プライベートで訪れる場合、小学生だけで訪れることは多くないと思われる。そうなるとその家族まで含めて考えるのが自然だろう。実際、来館者の約半数が大人であり、小・中学生が4分の1程度、未就学児が残り4分の1程度だという。

ヤンマーミュージアムでは、至る所にこの「家族」を意識して造られた工夫を感じた。例えば洗面台の高さ。小さな子供が誰かに助けを求めなくても手が洗える高さに洗面台があることは、「やってみたい」という気持ちを大きく後押ししてくれる。また、オムツの交換台や授乳室も用意されており、乳幼児とも一緒に来てOKだというこ

サステナブルエナジークライミング (写真提供：ヤンマーミュージアム)

とが示されている。年長の子供のことを考えると行ってみたいけれども、設備を考えるとちゅうちょしてしまうという親の心情にも配慮してくれている。細かい点だが、再来館にもつながりやすい。

ヤンマーミュージアムのメインとなる「チャレンジエリア」には、創業者のチャレンジストーリーをプロジェクションマッピングシアターで見てから入る。未就学児がこのストーリーをきちんと理解するのは難しいが、それでも「チャレンジすることで未来がわくわくするものになる」ということは感覚として分かるようなものになっており、ここでも小学5年生の子供を持つ"家族"というターゲット設定を感じる。

チャレンジエリアは大きく「CITY」「SEA」「LAND」の三つに分かれ、小学生以上や3歳以上など対象年齢設定がなされたコンテンツもあれば、年齢設定のないコンテンツもある。3歳以上という対象年齢設定がされたコンテンツでも、操作の難度を上げることによって難しくもできるため、さまざまな年齢の子供が同じ体験をおのおのに適した難度でできるのも魅力だ。

ちなみに、このCITY、SEA、LANDは、ヤンマーが事業展開するフィールドを示している。CITYエリアにある「サステナブルエナジークライミング」では、ビルに見立てた壁を垂直に登り、その登ったエネルギーでビル自体に光をともすことができる。チャレンジと、ヤンマーが事業展開するエネルギーを結び付けたコンテンツになっている点がユニークである。

何度も来たくなる仕掛けはあらゆる所に

続いて「再来館を促す仕掛け」について見ていきたい。ヤンマーミュージアムでは、チケット購入時に受付で「ヤンマーカード」というカードをもらう。カードに印字された二次元コードを機械に読み込ま

せることによってミュージアム内にあるコンテンツを体験でき、体験の結果によって「ヤンマーポイント」が付与されるシステムだ。

ヤンマーミュージアムは2階建てになっており、その日に体験して付与されたヤンマーポイントは、2階の「マイアース」で確認できる。チャレンジエリアからも見える大型スクリーンに映し出して見られるため、その日体験したほかの人との比較もでき、もっとチャレンジしてみようかなという気持ちにさせられる。また、ヤンマーカードはチャレンジエリア内の登録機でニックネームの登録ができ、次回以降も繰り返し使える。

ヤンマーポイントは蓄積され1年間は有効だ。このポイントは、チャレンジエリアだけのポイントというわけではない。ポイントをためるとそれに応じたランクが付与

され、同ミュージアム内のショップ・レストランでランクに応じた割引が適用される。チャレンジを繰り返すことによってメリットが受けられるのだ。割引が適用されるのは、同行する親もうれしい。

1階のチャレンジエリアから2階に上がると、展示エリアや「チャレンジルーム」といったスペースがある。屋外には「ヤンマーテラス」があり、そこには「屋根の上のビオトープ」が設置されている。取材した2月は冬のビオトープで静かな印象だったが、これもビオトープの一つの姿であり、季節を変えて見てみたいと思わせてくれた。また、その手前には「おにやんまの湯」という足湯が用意されている。これは館内で発電時に発生した熱を再利用して沸かした湯を利用している。こうした休めるスペースが用意されているのも「また来たい」と思わせてくれる仕掛けの一つだ。

屋根の上のビオトープ（写真提供：ヤンマーミュージアム）

休めるスペースといえば、館内には入館料を払わなくても利用できるレストランも1階のエントランスに併設されている。このレストランのメニューの設計や料金の設定も「再来館を促す仕掛け」の一つになっていると感じた。

ヤンマーのトラクターの形がプレートになった「ヤンマートラクタープレート（税込900円）」は、子供ではなくても気分が盛り上がる。ランチタイムに利用する人もいるが、チャレンジをたくさんして少し小腹が減って、おやつ代わりにおむすびだけ食べるという使い方もできる。細かいことを言えば、おむすびの具は定番の具材から地域性や季節性を盛り込んだ具材もあって、遠方から来た人や季節を変えて来館した人も飽きることなく楽しませてくれる。カードやポイントといったチャレンジを促

す仕掛けとビオトープやレストランなどの存在で、季節を変えて再度訪れたくなるような工夫も随所に見て取れる。

チャレンジの内容は日常と地続き

最後に、「日常との接続性」について見ていく。チャレンジエリアにある「お弁当チャレンジ」は、タッチパネルの画面上でお弁当箱にお弁当の中身を詰めていくというコンテンツだ。最初に年齢と性別を設定すると、必要な総エネルギーが表示され、煮る、蒸す、揚げるなどのさまざまな方法で調理されたお弁当のおかずをお弁当箱に詰めていく。

最後に栄養バランスや彩りなどで採点されるのだが、これをきっかけに、料理にはさまざまな調理方法があり、それによって得られるエネルギーが異なること、彩り

お弁当チャレンジ（筆者撮影）

も意識するとお弁当作りがわくわくするものになることなどが疑似体験できる。これは日常生活にも盛り込める内容で、例えば夕食を食べるときに「今日のシューマイは蒸したんだよ。シューマイは揚げることもできて、揚げるとエネルギーが大きくなってざくざくした食感になるよ」など、食への興味関心を高めるきっかけとなる。

　このコンテンツは一例だが、ミュージアムで体験した「チャレンジ」がその場だけのもので終わるのではなく、日常生活と結び付くことで、日々の暮らしでもできると分かる。「チャレンジ精神を育む」には、先に述べた通り、チャレンジしてみたい気持ちがあり、そこに失敗を許してくれる土壌があり、再度チャンスが与えられる環境があることが重要だが、それを日常でもやれるきっかけをつくってくれるコンテンツが、ヤンマーミュージアムには幾つも見られた。

企業のファンづくりと変化のきっかけをミュージアムから

　企業がミュージアムを設立する目的はさまざまだが、創業者の精神を伝えていくというのは多くのミュージアムに共通している一つの目的だ。そしてそれを企業のカルチャーを交えながらミュージアム内でコンテンツに昇華させ、来館者に体感してもらうのは非常に難しい作業になる。

　館内を案内してくださった館長（2023〈令和5〉年取材当時）の田村純一氏は、「ヤンマーは優しい会社であると外部の方からよく言われます。やりたいことをやらせてくれるんです。それで失敗したことを責める

ご案内いただいたヤンマーミュージアムの川瀬いずみ氏（左）と館長の田村氏（右）（筆者撮影）

という話は聞いたことがない。失敗は恐れずにやってみなさい。そういう人間に育つようにみんなで協力しようという文化なんです。」と話す。

　館内のコンテンツだけではなく、施設のハード面でもその言葉通りの印象を抱いた。きっとそれがヤンマーのカルチャーなのだろうし、それが体現されているのがこのヤンマーミュージアムなのだと感じた。そして実際、私はヤンマーのファンになった。

　企業ミュージアムの設立、運営には多くの資金や時間、人が必要になる。せっかくパワーをかけるのであれば、その企業のファンをつくり、何か変化のきっかけになれば、そのミュージアムは愛される場所になるのだろうと思う。

08. Yanmar Museum

09 Mikimoto Pearl Island

パブリック・ディプロマシーの担い手

ミキモト真珠島

所在地：三重県鳥羽市
運営：株式会社御木本真珠島
オープン：1951年

　三重県の鳥羽湾に浮かぶ「ミキモト真珠島」は、1893（明治26）年にミキモトの創業者である御木本幸吉が世界で初めて真珠の養殖に成功した島である。この島は、もともとは相島と呼ばれていたが、御木本が1929（昭和4）年に買い取って整備し、1951（昭和26）年にレジャー施設として一般開放された。この島には二つのミュージアムがある。運営するのはミキモトのグループ会社である「株式会社御木本真珠島」だ。そのため、厳密な意味ではミキモトの企業ミュージアムとはいえないが、ミキモトの創業者がこの島を開島し、また、島内の二つのミュージアムの一方は創業者の生涯やその業績に関する展示物を有しているため、広義での企業ミュージアムとして紹介したい。

観光・教育・産業が三位一体となったミュージアム

　ミキモト真珠島には「真珠博物館」と「御木本幸吉記念館」という二つのミュージアムがある。真珠博物館では真珠の宝飾品のコレクションを展示するだけではなく、歴史、自然科学、産業、人文科学などの多様な視点から真珠を紹介している。御木本幸吉記念館では三重県鳥羽市出身の

ミキモト真珠島（写真提供：ミキモト真珠島）

真珠王・御木本幸吉の生涯や人物像に迫るさまざまな展示物を見ることができる。

コロナ禍の影響で来島者はここ数年減っているが、伊勢志摩国立公園内にあるミキモト真珠島には、2019（令和元）年には年間約15万7000人が訪れており、地元三重県の産業観光施設としても重要な役割を担っている。観光や学習目的の来島者以外にも、ミキモトの入社2年目の社員をはじめ、多くの真珠業界の関係者が研修の一環としてこの島を訪れてくる。

ミキモトとは研修のほか、展示内容や真珠の研究についても定期的なミーティングを持ちながら、協力関係にあるという。両館とも、子供向けのコンテンツが充実しており、小学生などが展示だけではなく、体験を通して真珠について学ぶこともできる。

ターゲットは世界の人々

旅行関連の口コミサイト「トリップアドバイザー」を見ると、日本語だけではなく、英語、中国語、フランス語と、この島に関する数多くの外国語のレビューが出てくることからも、世界から注目されていることが分かる。東京から離れた場所にあるが、2023（令和5）年4月時点で、来島者の約2割が日本国外からとなっている。

近隣諸国からの来島が多いものの、日本を訪れる外国人観光客向けの旅行ガイド「ミシュラン・グリーンガイド・ジャポン」で二つ星を獲得して以来、フランス人の間でも人気の観光地となっている。同島のパンフレットは、日本語以外に、英語、フランス語、ドイツ語、イタリア語、スペイン語、ポルトガル語、中国語（簡体字）、中国語（繁体字）、韓国語と、多言語で用意されている。現在、学芸員の資格を持った職員2人、英語対応のできる数人を含め合計7人のガイドが来島者の対応に当たっている。

運営会社の御木本真珠島は、外国人観光客誘致のため、これまで積極的に海外の旅行会社などを訪ね、ツアーに組み込んでもらうようプロモーション活動を展開してきた。御木本真珠島は地元三重県の観光協会や商工会議所の会員でもあり、三重県や鳥羽市といった地元自治体と一体になってインバウンド観光のプロモーション活動を行うこともある。

そもそも真珠とは何か？

ミキモトは、現在は東京都江東区豊洲に本社を置き、中央区銀座に本店を置く宝飾品の製造、販売などを行う会社である。海外の主要都市でも店舗を構え、真珠の販売では世界一のシェアを誇っている。

ミキモトの主力商品となっている真珠は、アコヤ貝など6種類の貝の体内で生成される宝石である。御木本が養殖に成功するまで、真珠は天然真珠しかなかった。貝に異物が偶然入り真珠ができるため、すべての貝に真珠が入っているわけではない。また入っていても丸い核を仕込んで丸く仕上げる養殖真珠と違い、形はいびつなものがほとんどである。核がないか、あっても極めて小さいことが多いため、大きな粒になるまで長い年月もかかる。粒の大きな丸い天然真珠は1000個の貝の中に、1個あるかないかの大変希少で高価なものであった。

真珠は、2000年以上前の古代ローマ時代より人々に愛されてきた。エジプトでは紀元前3200年ごろからすでに知られており、記録にも残っている。古代日本も真珠の一大産地であり、縄文時代前期の遺跡

島内をご案内いただいた御木本真珠島取締役の柴原昇氏（筆者撮影）

から出土している。古代の日本人は真珠を中国への朝貢品として使用しており、中国の「魏志倭人伝」や、「後漢書」には日本の真珠の記述が残っている。「日本書紀」「古事記」「万葉集」などの古典にも真珠はたびたび登場している。

真珠博物館

国内初の真珠専門博物館である真珠博物館では、「人と真珠〜そのかかわりを考える〜」をテーマに真珠のできる仕組みや真珠の養殖法などを、数多くの資料や映像と共に詳しく紹介している。

また、天然真珠を用いたアンティークジュエリーの充実したコレクションや、養殖真珠をふんだんに使用した豪華な美術工芸品の数々が展示されている。コレクションには、およそ2000年前に作られた古代ローマ時代の装身具も含まれており、日本だけではなく、世界のジュエリーの歴史を学ぶことができる。

御木本幸吉記念館

一方の御木本幸吉記念館では、1858（安政5）年、鳥羽のうどん屋「阿波幸」の長男に生まれ、96歳で没するまでの御木本の波乱に富んだ生涯と業績が、数多くの写真や遺品、説明パネルによって、展示されている。愛用の品やコレクションなど、遺品の数々は、御木本独特の人生哲学や暮らしぶりを伝えている。

御木本は幼い頃より野菜の行商をするなど、商人として多くの経験を積む中で、20歳になるのを機に出掛けた東京、横浜

真珠博物館（写真提供：ミキモト真珠島）

への視察旅行で志摩の特産物である真珠が高値で売られているのを見た。そして、この希少価値の高い真珠を偶然に任せるのではなく、自分の手で作り出そうと決意した。

その後、大日本水産会幹事長の柳楢悦や帝国大学（現・東京大学）の箕作佳吉との交流を通じて真珠の養殖を志した。数多くの困難を乗り越え、1893年7月11日、鳥羽の相島（現・ミキモト真珠島）で世界初の半円真珠養殖に成功したのである。

御木本幸吉記念館には復元された生家・阿波幸、鳥羽に残る御木本の足跡、当時の鳥羽の様子が一目で分かるジオラマなどがあり、郷土との関わりも大きなテーマとなっている。

故郷の風景を愛する御木本は、大正時代から志摩半島を国立公園にしたいと考えていた。1931（昭和6）年には、内務大臣にその案を陳情するだけではなく、交通や道路の整備にも力を入れ、自ら朝熊山に東西の公園も造っている。その熱意や努力によって戦後第1号の国立公園として伊勢

御木本幸吉記念館。1995 (平成7) 年にグッドデザイン賞の「建築・環境デザイン部門」を受賞している (写真提供：ミキモト真珠島)

志摩国立公園は誕生したのである。

　二つのミュージアムは博物館として登録はされていないが、真珠博物館は三重県博物館協会の博物館類似施設として登録されている。また同館と御木本幸吉記念館は日本博物館協会の会員でもあり、貴重な歴史的資料の整理・保存・展示など、学術的・文化的な使命も果たしている。

　御木本幸吉記念館には、発明王・エジソンが御木本に宛てた手紙も展示されている。エジソンとは渋沢栄一の紹介で知り合ったということであるが、「真珠を発明されたことは、世界の驚異です」、1927 (昭和2) 年、欧米へ視察に行った際、エジソンは御木本にこう言ったとされている。この2人の会見は「ニューヨーク・タイムズ」でも報道され、ミキモトの名は瞬く間に米国で広がった。

海女の実演ショー

　ミキモト真珠島にはミュージアムといった展示施設があるだけではない。海女の実演を見学することもできる。かつて、海女は真珠の養殖にとってなくてはならない存在であった。海底に潜ってアコヤ貝を採取し、核入れした貝を再び海底へ。また、赤潮の襲来や台風のときには、貝をいち早く安全な場所に移すなど、海女の活躍がなければ養殖真珠の成功はあり得な

エジソンからの手紙
(写真提供：ミキモト真珠島)

海女の実演ショー。「鳥羽・志摩の海女漁の技術」は2017（平成29）年3月に国の重要無形民俗文化財に指定されている（筆者撮影）

かった。

　今は養殖技術が発達し、海女の必要性はなくなったが、真珠養殖を支えた海女の活躍を広く伝えるために、真珠島では海女の実演を行っている。鳥羽以外にも日本各地に海女はいるが、昔ながらの白い磯着の海女が見られるのはこの真珠島だけとなっている。

　海女たちは、潜水から海面に浮上したとき、息継ぎのために口笛に似た「ピューピュー」という吐息を発する。物悲しげな哀調を帯びた吐息は「海女の磯笛」と呼ばれ、伊勢志摩の代表的風物になっており、環境省の残したい"日本の音風景100選"の一つに選ばれている。

パブリック・ディプロマシーの担い手として

　この島には世界の王族、首脳、駐日大使、IOC（国際オリンピック委員会）の会長、皇室のメンバーなど、国内外のVIPたちも多く訪れる。英国のエリザベス女王とエディンバラ公フィリップ殿下（1975〈昭和50〉年）、

モナコのレーニエ3世とグレース王妃（1981〈昭和56〉年）、スウェーデンのシルビア王妃（1985〈昭和60〉年）など何人もの国賓が過去に訪れている。

　2016（平成28）年の先進7カ国首脳会議（G7伊勢志摩サミット）でも、ミキモト真珠島は文化外交の場となった。サミット参加国の首脳の配偶者を歓迎するプログラムで、ドイツ首相のメルケル氏の夫、カナダ首相のトルドー氏の妻、EU大統領のトゥスク氏の妻らが来島。まさに地方から真珠という日本の「ソフト・パワー」で、各国との交流を深める外交の場となっているのである。

　ソフト・パワーとは、米国ハーバード大学教授のジョセフ・ナイ氏が提唱した概念であるが、軍事力や経済力によって他国をその意に反して動かす力が「ハード・パワー」であるのに対し、その国が持つ価値観や文化の魅力で相手を魅了することによって自分の望む方向に動かす力のことである。

　このように、このミキモト真珠島は、ミキモトというブランドの単なる広報ツールの

枠にとどまっていない。産業観光施設として地元経済に貢献するほか、真珠という日本のソフト・パワーを通して「パブリック・ディプロマシー」の担い手にもなっているのである。

　パブリック・ディプロマシーとは伝統的な政府対政府の外交とは異なり、政府以外の多くの組織や個人が関与するさまざまな形の外交である。広報や文化交流を通じて、外国の国民や世論に直接働き掛け、各国の国民に日本の立場を説明し、理解を得ることにより、日本のファンをつくっていく活動である。その定義はこれまでさまざまなされてきたが、パブリック・ディプロマシーの担い手は政府だけではなく、民間団体や民間人も含むようになっている。

渋沢栄一との出会い

　御木本がパブリック・ディプロマシーを意識していたことは、ミュージアムの展示からも理解できる。真珠事業が日本を代表する産業に成長する中で、御木本は政財界の重鎮との親交を深めていった。中でも、日本資本主義の父、民間外交の先駆者として名高い渋沢との交流も映像などで紹介されている。

　1926（大正15）年、1年近くにわたる欧米視察に出た御木本は、民間レベルにおける諸外国との交流の重要性を改めて痛感し、帰国するやいなや相島の整備に取り掛かったのである。渋沢からも「君が発明した養殖真珠を日本の武器にして民間外交をやってみてはどうか」というアドバイ

1975年に来島した英国のエリザベス女王とエディンバラ公フィリップ殿下（写真提供：ミキモト真珠島）

G7伊勢志摩サミットの配偶者プログラムで訪れた各国首脳の配偶者たち（写真提供：ミキモト真珠島）

スがあったそうだ。養殖真珠誕生の地の公開はすぐに評判となり、各国の王族をはじめ政治家、大公使など、来日した多くの人々が訪れている。

　彼らはこの島での見聞を自国に帰ってからさまざまに語り、日本の真珠を諸外国に強く印象付けることになったであろう。この島に保存されているVIPの写真ファイルは単なる記念写真集ではなくパブリック・ディプロマシーの歴史を物語る貴重な記録だと言える。

世界各国のVIPの来島を記録する写真ファイル（筆者撮影）

戦略的コミュニケーションとしてのパブリック・ディプロマシー

　外交は政府だけに任せるのでは十分ではない。特にソーシャルメディアが普及した現在、世論が持つ力は著しく増大している。世論が国家間のネガティブな感情を増幅したり、逆にポジティブな感情の創造を促進したりすることもある。そういった時代に、世論にポジティブに働き掛けることができる民間レベルの国際交流は、ますます重要になってきている。

　パブリック・ディプロマシーもパブリック・リレーションズ（PR）も戦略的コミュニケーションである。渋沢、御木本らは、戦前からその諸外国との交流の重要性を認識し、実践してきた。

　ミキモト真珠島は、御木本の意志を継承しながら、今も鳥羽という地域の国際的価値を高め、地域産業の発展に貢献し、パブリック・ディプロマシーの一翼を担うという大きなミッションを持ちながら運営されているのである。

感動創造企業の技と術を未来へ紡ぐ

ヤマハ発動機 コミュニケーションプラザ

所在地：静岡県磐田市　**運営**：ヤマハ発動機株式会社　**オープン**：1998年

"コミュニケーション" がキーコンセプト

「コミュニケーションプラザ」は、静岡県磐田市にあるヤマハ発動機本社敷地内に設けられた同社の企業ミュージアムである。地上3階建て、総床面積6200平方メートルの施設で、各種製品のエンジンパーツなども含めると約300点が展示されている。第4代社長の長谷川武彦（はせがわたけひこ）が1995（平成7）年、ヤマハ発動機の「過去・現在・未来」を示した施設の必要性を唱え、創立40周年の記念事業として企画され、1998（平成10）年7月1日にオープン。2023（令和5）年に25周年を迎えた。

施設の名称は設立当初からコミュニケーションプラザで、"コミュニケーション" がそのキーコンセプトとなっている。完

コミュニケーションプラザ外観 (写真提供：ヤマハ発動機)

同社の企業理念「感動創造企業」(筆者撮影)

コミュニケーションプラザ館内の様子 (写真提供：ヤマハ発動機)

コミュニケーションプラザ全体を担当する松尾氏 (写真提供：ヤマハ発動機)

子供向けのエンジン分解組み立て教室 (写真提供：ヤマハ発動機)

成当時、同社の経営環境は厳しい状況を乗り越えたタイミングということもあり、株主、顧客 (ユーザー)、地域の人々、そして特に従業員とのコミュニケーションをより円滑にする拠点としたいという思いがその名称に表れた形だ。

今でこそ、エンプロイー・リレーションズや従業員エンゲージメントは珍しくはないが、当時からインターナルコミュニケーションの重要性を理解し、命名したことに驚く。今回取材するに当たって、コミュニケーションプラザ全体を担当するコーポレートコミュニケーション部の松尾現人氏に話を伺い、館内を案内していただいた。

さまざまなオーディエンスが対象

館内は1階が現在と未来、2階が過去で二輪車を年代ごと (1955—、1970—、1980—、1990—、2000—) に展示、3階が研修会議室になっている。地元の人だけではなくバイクファンがツーリングついでに立ち寄ったり、国内の新入社員や海外現地法人の社員が研修の一環で訪れたりする。夏休み

にはスタッフによる地域の子供たち向けの「エンジン分解組み立て教室」などの催し物が開催される。また、株主の子供向けのプログラミング教室を行うなど地域の人やファンの憩いの場としても活用されている。

最近では中学生や高校生、高専の学生なども社会科見学で訪れ、「『将来、ヤマハ発動機で働きたい』と言ってくれる生徒や学生もおり、施設に対する感謝のメッセージを頂けて大変うれしかった」と松尾氏は話す。

また、ヤマハ発動機の製品デザインと新たなイノベーションを生み出す先行デザイン研究拠点である「イノベーションセンター」が、地元の静岡文化芸術大学と研修会を共催し、見学会だけではなくデザイン面でのコラボレーションなどを行う拠点としてコミュニケーションプラザを活用している。

コロナ禍前の2019 (令和元) 年には年間約12万人がコミュニケーションプラザを訪れている。コロナ禍で来館者は減少した

が、2022（令和4）年末までに累計で約290万人が来館した。ウェブサイトでは「コミュニケーションプラザ　360°バーチャル体験」が新たに追加された。館内の展示物が3Dで360°確認できるだけではなく、各階に展示されている展示物に関連した動画やウェブコンテンツにアクセスすることができる。

日本楽器製造で生産されたプロペラ（1923〈大正12〉年製）（筆者撮影）

プロペラは語る〜胎動と萌芽〜

　2階の入り口には「胎動と萌芽　黎明期」というタイトルで、飛行機のプロペラが展示されている。

　戦後に航空機用の木製や金属製のプロペラの生産に充てられていた工作機械を利用し、楽器製造で培った金属加工技術を融合させることで1954（昭和29）年に新しい事業が生まれた。翌1955（昭和30）年に第1号製品「ヤマハオートバイ125 YA-1」の生産に着手し、同年2月に国内販売を開始。同年7月1日に日本楽器製造（現・ヤマハ株式会社）から分離・独立してヤマハ発動機が創立された。

第1号製品　YA-1の成功から現在まで

　創業者で初代社長の川上源一は二輪メーカーが乱立するのを目にしながら、「日本の二輪車はまだまだ劣る。世界に通用する商品さえ作れば後発でも十分に

ヤマハ発動機第1号製品、YA-1（筆者撮影）

トヨタ2000GT（筆者撮影）

主にエンジンの高性能化と車体、シャシーの細部設計を担当している。当時30代の若い同社技術者を中心にチームが編成され、臆せず挑んだチャレンジ精神、フロンティア精神を垣間見ることができる。

　1960年代後半以降、こうしたエンジンの高性能化が産業用機械・ロボットなどの製造技術に発展し、さらに除雪機や電動アシスト自転車、電動車いすなどにまで及ぶことになる。日本楽器製造から受け継ぐ「人々の暮らしに貢献する」という志を原動力に「事業の多軸化」が進められてきたわけである。実際、どの製品を見ても同社のコンセプト「ひろがるモビリティの世界を創る」が常に技術、製品開発コンセプトの軸に置かれている。

太刀打ちできる」と社員にハッパを掛け、開発着手からわずか10カ月で試作車を組み上げたという。その後発売した第1号製品「YA-1」は成功を収めた。創立当初から「海外に通用しないものは商品ではない」と世界を見据えていた経営者でもあった。

　その後1960年代の高度経済成長期には、ボートやボート用推進機である船外機、スノーモービルなど多角化に向けて発展を遂げることになる。中でもコミュニケーションプラザ1階のシンボルゾーンで鮮烈なインパクトと異彩を放つのが、1967（昭和42）年に発売されたトヨタのスポーツカー、トヨタ2000GTである。カーマニアの間では有名な話だが、トヨタ2000GTのエンジンはトヨタとヤマハ発動機の共同開発によるものである。

　トヨタ2000GTの全体レイアウト計画やデザイン、基本設計などはトヨタ側でなされ、ヤマハ発動機はトヨタの指導の下で

同社製品の系譜（筆者撮影）

1階の展示品（写真提供：ヤマハ発動機）

動態展示へのこだわり、レストアの工程についても紹介されている（写真提供：ヤマハ発動機）

1987（昭和62）年製のFZR1000。1980年代中盤からのヤマハ4ストローク技術の象徴"GENESIS"思想に基づくフラッグシップモデル。新品同様のメンテナンスが施されている（筆者撮影）

「動態展示」へのこだわりと
復元技術に見るヤマハ発動機の技と術

　コミュニケーションプラザで驚かされるのが、1955年以降の各年代のマシンが展示されているが、ほぼすべての展示車両が動態保存となっており、現在でも走行可能な状態にメンテナンスがされている点だ。この背景には復元技術を風化させまいとする同社の技術に対する真摯（しんし）な姿勢がある。

復元技術は技術者の減少や職人の技術継承が大きな課題となっている。復元するまでに実に18段階にも及ぶ工程があり、一つひとつ丁寧な作業が求められる。こうした展示物はリアルだからこそ語り掛ける力がある。企業のDNAとして一つひとつ生み出された製品に込められた思いと技術者の心意気は、今なお伝わってくる。過去の歴史をひもといて、未来へと紡いできたからこそ今があるのだと。

現在・未来に向けた架け橋とミッシング・リンクの探索

ヤマハ発動機の技と術は、展示物の中でもひときわインパクトを持って示されている。同社による造語「人機官能」は"人機一体感の中に生まれる、悦びや興奮、快感を定量化し性能に織り込む"としており、「感動創造企業」を具現化するとはどういうことなのかということを、より具体的かつ視覚的に全身で理解することができる。

松尾氏によると、「チャレンジ精神」という言葉に込められた思いとして「やらまいか」という先人たちからのメッセージがある。「やらまいか」という遠州（静岡県西部地域）の言葉は「やってみよう」「やってやろうじゃないか」を意味し、新しいことに果敢にチャレンジする精神を表す。この遠州の方言が同社で先輩から後輩に向けて使われる際には「いっちょやってみろ（ちゃんと面倒見るから）」という人間味あふれるニュアンスが含まれているのだという。

同社を退職し、70歳を過ぎた大先輩が、時折コミュニケーションプラザを訪れては貴重な資料を届けてくれるのだという。「助言や当時の貴重な話を聞かせてくれることで今なお新たな気付きがあり、技術伝承の過程で失われていた"ミッシング・リンク"がつながることがある」と松尾氏は話す。コミュニケーションプラザが現在と過去の橋渡し役になると同時に、当時の精神と技術の必然性が今なお、各展示物からリアルに発信されている。

「技と術」の内容を示した体系図にはさりげなく同社のリーニング・マルチ・ホイール（LMW）が示されていた。LMWとは、モーターサイクルのようにリーン（傾斜）して旋回する3輪以上の車両の総称である。これは他社に先駆けて安全性を追求した独自技術である。

自動二輪の新しい安全技術を追求する中で生まれており、製品化に成功している。こうした唯一無二の独自技術に対す

同社の技（WAZA）と術（SUBE）の内容を示した体系図（筆者撮影）

独自技術LMWを導入した同社製品。NIKEN GT (左)、トリシティ300 (右) (筆者撮影)

るこだわりにお金と時間をかけ形にできるカルチャーとパワーこそが、同社の技 (WAZA) と術 (SUBE) の源泉となっているに違いない。

　コミュニケーションプラザにはこのフィロソフィーを時代の流れと共に体感し、未来に向けて駆り立てる着想のヒントが詰まっている。苦境に陥った際の心構えや前を向くことの大切さ、失ってはいけないものなどなど。展示物には先人からのメッセージが至る所にちりばめられている。

　ある意味、コミュニケーションプラザは、同社の社員、ライダー、株主、地域の人々などさまざまな人が訪れては同社のファンになる台風の目のような"求心力"を持っているのである。ここでは創業者の川上が常に社員に問い掛けているのかもしれない。「君たち、未来に向けて紡いでいるのか?」と。

11

Kurobe
Hydropower
Museum

黒部川の産業遺産を
後世に語り継ぐ

関西電力
黒部川電気記念館

所在地：富山県黒部市
運営：関西電力株式会社
オープン：1987年

　関西電力が運営する「黒部川電気記念館」。北陸新幹線の黒部宇奈月温泉駅から、富山地方鉄道の新黒部駅で乗り換え20分ほどもすると北アルプスの山々に囲まれる。列車が黒部川に沿って少しずつ上って行くと終着駅の宇奈月温泉に到着する。1分ほど歩くと、黒部峡谷鉄道本線（黒部峡谷トロッコ電車〈以下、トロッコ電車〉）の起点である宇奈月駅の正面に3階建ての山小屋風の建物が現れる。その1階部分にあるのが同記念館だ。

　富山県黒部市にある黒部川電気記念館は、黒部川の電源開発の歴史や黒部峡谷の自然と水力発電所を紹介する1987 (昭和62) 年に開館した無料のPR施設である。1996 (平成8) 年4月と2012 (平成24) 年3月の2度にわたり全面改修が行われたほか、2022 (令和4) 年12月から展示スペースの一部改修も進め、2023 (令和5) 年3月31

日にリニューアルオープンした。

　設備を管轄するのは大阪市にある関西電力本店の広報室、日々の運営は富山市にある関西電力北陸支社が担当する。北陸支社では、イベントの企画、メディア対応、黒部峡谷鉄道や宇奈月温泉など地域と連携したさまざまな対応を行う。展示室は427平方メートル、総床面積1519平方

1階の全フロアが黒部川電気記念館（筆者撮影）

メートル、14点の展示物の運営は現地の
スタッフ数人で対応している。

　関西電力は同記念館以外に、福井県で
稼働している原子力発電所の近くに3カ
所、京都府舞鶴市で稼働している火力発
電所の近くに1カ所のPR施設を有してい
る。

日本の電気事業者

　2016（平成28）年に電力小売市場が全面
自由化されるまで、日本の電気事業者は、
一般電気事業者、卸電気事業者、卸供給
事業者、特定規模電気事業者、特定電気
事業者に分けられていた。

　一般電気事業者とは、一般の消費者を
対象に発電から送電、配電までを一貫して

吉崎氏 (左)、松本氏 (右)。二人は関西電力の北陸エリアにある水力発電設備に関する広報活動全般を担っている (筆者撮影)

行っていた事業者である。日本には大手10社があり、関西電力はそのうちの1社で本店のある大阪府と京都府、兵庫県 (一部を除く)、奈良県、滋賀県、和歌山県、さらに三重県、岐阜県、福井県の一部に電力を供給してきた。

今回は、関西電力北陸支社コミュニケーション統括グループの松本義宏氏と吉崎豊氏の2人に富山市内の事務所から同記念館までお越しいただき、詳しいお話を伺った。

北陸支社では関西電力の北陸エリアにある水力発電設備に関する広報活動全般を担っている。黒部川をはじめ同じ富山県を流れる神通川や庄川、福井県の九頭竜川の4水系に38カ所の水力発電所を保有し、認可最大出力合計約192万キロワット (同社の一般水力発電の約6割)、年間約70億キロワットアワーを発電している。近年、再生可能エネルギーへの関心が高まる中、

非常に短い時間で発電が可能な水力発電は純国産エネルギーとしても重要なポジションにある。

12の水力発電所を有する黒部川

「なぜ黒部川電気記念館は、あの "くろよん" (黒部ダム・黒部川第四発電所の総称) で有名な黒部ダムの近くにないのか?」。筆者は当初、そんな単純な疑問を持った。恥ずかしながら黒部ダムそのものが発電所だと思っていたからだ。まず認識しておく必要があるのだが、黒部ダムだけではなく黒部川水系全体では古くから電源開発が進められ、発電設備が点在している。

この電源開発の起点となった所が宇奈月だ。関西電力は、黒部川に四つのダムと12の水力発電所を所有している。各発電所は無人で、大阪市にある総合水力制御所から遠隔制御され、発電した電気は主に関西方面に送られている。ちなみに最大規模の黒部川第四発電所は、黒部ダムの約10キロメートル下流にあり、発電所を含むすべての設備が地下にある。

今回のリニューアルは、前回の改修から約10年が経過したことによる老朽化対策であるとともに「ゼロカーボン」について来館者に楽しく学んでもらえるよう一部の展示スペースを改修したものである。関西電力にとって2023年は、くろよんが竣工から60周年を迎える節目の年にも当たり、2024 (令和6) 年には工事用ルートである黒部ルートが一般開放・旅行商品化され「黒部宇奈月キャニオンルート」として開通するタイミングである。また、2023年に

宇奈月温泉が開湯100年を迎えた。同記念館のリニューアルをきっかけに来館する多くの方々に、黒部宇奈月キャニオンルートや、水力発電の魅力などを提供することで、地域観光振興へ協力できるものと期待しているという。

ジオラマと映像で学ぶ水力発電の仕組み

黒部川電気記念館は、誰もが見て触れて体験しながら学べる「わくわく探求ゾーン」と、少々専門的でライブラリー的な役割の「ますます物知りゾーン」の二つのゾーンで展開する。外国人来館者のために英語、中国語、韓国語にも対応している。ターゲット層はあくまでも観光客が中心ではあるが、観光資源としてだけではなく、学術的な価値、日本の産業遺産の歴史を伝えていくという意義もあるため、アカデミア、関西電力グループ企業の社員、地元の小・中学校など、さまざまなステーク

ブリーフィングステーション（筆者撮影）

ホルダーを意識して運営されている。

　新たに設置された展示物は、わくわく探求ゾーンの中の3種類。「ブリーフィングステーション」は館内の展示内容を大スクリーンで伝える。「ダムダムクイズシアター」では水力発電にまつわる情報をクイズ形式で学ぶことができる。「黒部峡谷ジオラマシアター」は、黒部峡谷の四季折々の自然や電源開発の歴史、水力発電の仕組みをジオラマと迫力のある映像で紹介している。

　以前から人気だった「トロッコ電車の旅」コーナーでは、シートに座るとマルチモニターがつくり出す迫力のパノラマ映像が目の前に広がり、天候や季節に関係な

く乗車気分が味わえる。また黒部川の電源開発の歩みを貴重な映像や写真と共に紹介するコーナーでは、世紀の大工事として語り継がれている「くろよん」の建設工事の様子を当時の映像を基にリアルに解説してくれる。

　特に最大の難工事だったといわれる大町トンネル（現・関電トンネル）工事の展示では、スイッチを押すことで映像が再生されるため当時の人の手による掘削作業の様子を知ることができる。

　これまでの来館者は、宇奈月温泉や黒部峡谷を観光する中で施設を見つけてやって来た人が多かったという。トロッコ電車の利用者は年間60万~70万人いる。

ダムダムクイズシアター。クイズに全問正解すると黒部川にある五つのダム※の模型 (1/300) が一斉に放水 (筆者撮影)
※関西電力所有の四つと国土交通省管轄の一つ

最大の難工事だった大町トンネル工事の説明展示（筆者撮影）

2024年からは黒部宇奈月キャニオンルートの開通でさらに多くの観光客が訪れるであろう。

　地域社会との共存を大切にしている黒部川電気記念館では、黒部峡谷の玄関口という好立地を生かし、幅広い世代の方に来てもらいたいと願っているという。リニューアルオープンに際し、関西電力北陸支社長（当時）の久米一郎氏は「より多くの人に来ていただき、エネルギーに対する理解を深めてもらうとともに、地域の観光振興の一助になればいい」と語っている。トロッコ電車を利用する観光客の目に留まるように、最近、同記念館の正面に"のぼり"を設置した。

グッズ販売コーナーも設置

　インフォメーションカウンター横には、トロッコ電車や黒部峡谷のグッズの販売コーナーが設置されている。

　一番人気はトロッコ電車のミニカー。このほか、オリジナルタオルや文具などを

トロッコ電車や黒部峡谷のグッズ販売コーナー（筆者撮影）

購入することができる。

黒部川水力電源開発の歴史

黒部峡谷の自然環境、電源開発の歴史、黒部ダムなどの主だった施設について簡単に記しておく。

黒部川流域の水力電源開発は大正時代から始まった。「日本の屋根」といわれる3000メートル級の高い山々に挟まれた黒部峡谷は人々を寄せ付けない地形だが、国内有数の多雨多雪地帯で急峻な河川があるため、水力発電に極めて有利な条件を備えていた。

1917（大正6）年、タカジアスターゼの発見者として知られる工学博士・薬学博士の高峰譲吉が黒部川の水力発電の可能性にいち早く注目し調査を始める。1923（大正12）年には宇奈月─猫又間の軌道の開削に着手、また日電歩道も開削され調査が進められた。

黒部峡谷最初の発電所、柳河原発電所は着工から3年後の1927（昭和2）年に運転を開始した。トロッコ電車は工事用の資材を運搬するために利用されていた。1937（昭和12）年には欅平まで開通。「便乗ノ安全ニ付テハ一切保證致シマセン」と書かれた当時の切符（便乗證）は、断崖絶壁を走る電車の危険さを物語っている。

1936（昭和11）年には宇奈月の下流にある愛本発電所が運転開始、黒部川第二、第三発電所と黒部川をさかのぼって発電所が建設されていった。

"世紀の大工事"といわれたくろよんの建設工事は1956（昭和31）年7月に着工した。当時は戦後経済復興の本格化に伴い電力を急激に必要とした時代で、関西地方は深刻な電力不足にあった。まだ火力発電より水力発電が主流の時代。電力業界の再編成で発足したばかりの関西電力は社運を懸けてこの難工事に挑んだ。厳しい自然条件の中、当時の最新の技術を駆使して工事は進められ、1963（昭和38）年6月、7年の歳月と513億円（当時）の工費、延べ1000万人もの人手をかけて完成した。これにより、関西地域の電力事情は大幅に改善したという。より具体的なファクトは、以下のようなものだ。

黒部ダム：高さ日本一の186メートルを誇り、堤頂長が492メートル、総貯水容量は約2億立方メートルで6月末から10月中旬まで行われる放水によって虹が懸かり美しさに色を添える。

黒部川第四発電所：黒部ダムの下流、約10キロメートルにある。国立公園の景観保持と冬季の雪害回避のため、発電所・開閉所は全部地下に設置された。ダム水路式で有効落差が545.5メートルあり、最大33万7000キロワットの出力を誇る。

大町トンネル（現・関電トンネル）：関西電力が管理している。長野県大町市と富山県立山町を結ぶ全長5.4キロメートルの道路トンネル。工事の途中、破砕帯に遭遇し掘削が進まなくなり、くろよん建設工事の中で特に困難を極めた。

黒部峡谷トロッコ電車

黒部川電気記念館のある宇奈月駅から欅平駅まで黒部川に沿って約20キロメー

トル、標高差約375メートルを片道約80分かけてのんびりと走るトロッコ電車。日本電力が大正時代から昭和初期にかけて軌道を造り、1941（昭和16）年に日本発送電が経営を引き継ぎ、その後、1951（昭和26）年に関西電力に引き継がれた。現在は関西電力のグループ企業となった黒部峡谷鉄道が運営している。

地元自治体との連携

日本一深い標高差3000メートルのV字峡谷・黒部峡谷の欅平から上流の黒部ダムまでの約18キロメートルにわたる黒部ルートが、新たな観光ルート「黒部宇奈月キャニオンルート」として2024年に一般開放される。黒部ルートは黒部川の電源開発に伴い、日本電力や関西電力が工事用輸送ルートとして整備したものだ。

関西電力は、2018（平成30）年に富山県と締結した「黒部ルートの一般開放・旅行商品化に関する協定」により、安全対策工事を実施している。"秘境"と呼ばれる黒部奥山の雄大な自然と、人類の英知を結集した電源開発の歴史を体験できる希少性の高いスポットだ。昭和初期から活躍してきた非日常的な乗り物を乗り継げば、驚きに満ちた旅の体験が待っている。これにより、黒部峡谷と世界的な山岳景観を誇り観光人気が高い「立山黒部アルペンルート」を結ぶ新たな観光ルートが形成されることになる。

最後に……

関西電力グループは、持続可能な社会

トロッコ電車が走る黒部峡谷（筆者撮影）

の実現に向け、ゼロカーボンエネルギーのリーディングカンパニーとして、「みんなでアクション　すすめ、ゼロカーボン！」をスローガンに事業活動に伴うCO_2排出量を2050年までに全体としてゼロとする目標を立てている。その中でも化石燃料を必要とせずCO_2を排出しない水力発電の役割は極めて重要だ。

現代人にとって電気のない生活は考えられない。日本でトップクラスの発電量を誇る黒部川水系の発電設備は半世紀以上前に造られたにもかかわらず今も現役で活躍している。発電効率を上げるための新しい技術を導入しながらも、過酷な自然環境の中で休みなく、多くの人たちによって点検・整備作業が行われていることも忘れてはならない。黒部川電気記念館は、黒部峡谷を訪れる多くの人たちに人間の英知を結集した電源開発の歴史と現状について語り続けていくことだろう。

12
JAL
Sky Museum

航空機利用に次ぐ最大の顧客接点

JALスカイミュージアム

所在地：東京都大田区　　**運営**：日本航空株式会社　　**オープン**：2013年

予約困難な人気ミュージアム

「JAL スカイミュージアム」は2013（平成25）年7月22日、羽田空港新整備場地区に設立された。同ミュージアムは日本航空（以下、JAL）の創業間もない1950年代半ば

「iF DESIGN AWARD 2024」の金賞を受賞したJAL スカイミュージアム。最初のエリア「スカイランウェイ」
（写真提供：aircord）

から、社会貢献活動の一環として実施されていた「JAL機体整備工場見学」を進化させたものである。航空業界の仕事や「日本の空の歴史」に触れ、格納庫で航空機を間近で見られる体験型ミュージアムとして好評を博している。設立からの累計来館者数は60万人以上、年間最多来館者数約14万人（2018〈平成30〉年）という数字からも、その人気ぶりがうかがえる。

さらに、2021（令和3）年1月から施設の改修を行い、情報量を数倍に増やす「デジタル化」をコンセプトに、何度足を運んでも楽しめる施設へとリニューアルした。構想1年、工事に約半年、コロナ禍での受け入れ中断を経て2022（令和4）年5月に再オープンし、世界のエアラインミュージアムとしてトップクラスの規模、屈指の充実度を誇る施設となった。入館料は無料。見学希望日の1カ月前の同日午前9時30分に予約受け付けが始まり、開始1～2分で満員となるという「予約の取れないミュージアム」だ。

一般的な見学コースは、ミュージアム体験（60分）と格納庫内見学（50分）がセットになっている。見学コースは1日3回実施され、1回につき30～70人が参加できる（2023〈令和5〉年11月時点）。

今回は、JALのESG推進部社会貢献グループグループ長の吉田俊也氏にご案内いただきながら、同ミュージアムの役割や見どころを伺った。戦後初の国内民間航空会社として「日本の空の歴史」を伝える社会的使命を帯び、航空機ファンや就職を目指す学生、子供たちに航空業界の魅

今回案内していただいたESG推進部社会貢献グループグループ長の吉田氏（筆者撮影）

力を伝えたいというJALの思いが詰まったミュージアムを、紹介したい。

ターゲットは世界中のすべての人。多目的に活用できる空間へ

　平日は50〜70代のシニア層、休日は親子連れが多く来館するJALスカイミュージアム。リニューアル前は10代・20代カップルの来館が少なかったが、展示のデジタル化を進め、大人も楽しめる空間へと変化させたことで世代の偏りは少なくなっているそうだ。羽田空港に隣接しているというアクセスの良さもあり、日本への旅行の前後に立ち寄る海外からの観光客が来館者全体の約1割を占めている（2023年4月時点）。

　「世界中でも、これほど多くのお客さまをお迎えしている航空ミュージアムはない

のではと思っています。引き続き受け入れ態勢を整え、ソーシャルメディアなどでの発信も強化して、世界中からお客さまをお迎えしたいです。また、リニューアルを機に空間の多目的活用が可能となり、社員研修や採用説明会といった社内での利用はもちろん、他業種とのコラボイベントや講演会、記者会見などにも対応しています。広報部からの依頼で、テレビ番組の撮影で使われることも増えましたし、今後はスポーツのパブリックビューイング、コンサートなども開催していけたらなと思っています」（吉田氏）。

　さらに、施設をリニューアルするに当たり、障害のある方々と共に展示方法の問題点について話し合い、改修に反映させた結果、障害の有無に関係なく、より多く

の人が五感で楽しめるインクルーシブな空間となった。

空の旅を支える「人」への敬意、「JAL フィロソフィ」が息づく展示

エントランスからミュージアムスペースへと続くエレベーターの扉が開くと、滑走路を思わせる「スカイランウェイ」が眼前に現れる。

こちらには、JAL で働くスタッフの仕事内容が分かる「お仕事紹介」ブースがあり、航空機のコックピットや、客室の雰囲気を楽しめる模型なども展示されている。多言語化も進み、公式ウェブサイトからの見学予約は日本語と英語に対応、展示の説明は日本語と英語を併記し、二次元コードを読み取ることで中国語（簡体字）や韓国語にも対応できる。

大型デジタルサイネージが並ぶスカイランウェイでは、現役社員が出演する「お仕事紹介ムービー」が見られる。ほぼ等身大の社員が自らの言葉で仕事について語るムービーは、「現場の方に話を聞きたい」という来館者の要望をヒントに制作したものである。このお仕事紹介ブースは、入り口に近い方から整備士、グランドハンドリング、グランドスタッフ、客室乗務員、運航乗務員の順に並んでいる。

「安心な空の旅をご提供するには、まず"整備士"から始まるバトンを"運航乗務員"まで確実につなぐ必要があること、社員一人ひとりが、『JAL フィロソフィ』の項目の一つ『最高のバトンタッチ』を意識し、より良いサービスを提供しようと努めて

いることが言外に伝わったら、という思いで、展示内容を決めました」（吉田氏）。JAL は 2010（平成22）年に経営破綻を経験しているが、その後の復活の支えとなった JAL フィロソフィが展示そのものに息づいているのだ。

変化を続ける五感刺激型の展示で、満たされる好奇心

スカイランウェイは、航空機の大きなタイヤや荷物を収容するコンテナなど、五感で楽しめる実物展示も充実している。航空無線の再現音声が流れ、運航乗務員の緊迫感が味わえるコックピット（モックアップ）に入ったり、機内に実際に設置されていた座席「JAL SKY SUITE」や「JAL SKY PREMIUM」に座ってみたりと、大人も思わず興奮する非日常が味わえる。

五感という観点で特筆すべきは、JAL マイレージバンク会員限定の「機内食体験」コースだ。会員ではない人も、JAL の国内ツアーのオプショナルプランを購入することで体験できる（2023年11月時点）。「見学に加え、機内を感じられるようなコンテンツで、例えば機内食をいただけたらうれしい」という来館者のニーズを受け、グループ会社の協力を得て実現。館内で機内食を食べてから堪能する見学コースは、まさに五感で味わう旅だ。来館者の意見を基に見学プログラムを柔軟に変化させることをいとわないのも同ミュージアムの特徴だ。

さらに、展示の案内役は JAL を退職した元社員の方々。多彩な職種の経験者が、

コックピット（筆者撮影）

デジタル年表や数々のアーカイブ（写真提供：JAL）

勤務当時のリアルな話を交えながら案内することで、展示がより立体的に感じられる。退職した方々が力を十分に発揮できる場が創出されるという、企業ミュージアムならではの効果を実感した。

「日本の空の歴史」の語り部としての使命。
アーカイブズゾーン

　スカイランウェイに続くのは、「航空史ではなく、航空文化史を伝える」をコンセプトに、JAL と日本の空の歴史に触れられ

フューチャーゾーン（筆者撮影）

る「アーカイブズゾーン」だ。年代別のデジタル年表や、客室乗務員の歴代制服展示、現物史料展示、モデルプレーン展示を楽しめる。中でも注目は、デジタル年表と現物史料展示だ。

　「『日本の空の歴史』を語れるのはJALだけだという自負の下、アーカイブの構築には相当な手間と時間をかけました。特に、航空機に乗ること、見ること自体が非日常であった1950年代から60年代の航空機や空の旅を追体験できる場所はここだけです。実は全展示の中で、『デジタル年表』での滞在時間が最も長いんです。お客さまご自身の関心を深掘りしやすいと好評で、苦労した分、高い評価を頂いたときは喜びもひとしおでした」（吉田氏）

　展示物の中には、世界的映画監督の黒澤明の機体デザイン原画なども含まれている。そのほかにも、JALの未来に向けた取り組みを紹介する「フューチャーゾーン」、皇室フライトや特別フライトの展示があり、見学時間60分では足りないほど充実した内容だ。ミュージアム内はあえて順路を設けず、見学者の興味に合わせて自由に見学ができる。

　現役の航空機、リアルな仕事風景。圧倒的な迫力を持つ見学コースのハイライトは、やはり格納庫だ。格納庫の扉が開いた瞬間、来館者は思わず息をのみ、そして感嘆の声を上げる。

　24時間・365日、航空機のメンテナンスやチェックが行われている格納庫。広大

JAL格納庫（写真提供：JAL）

な空間で航空機の整備に励む整備士の姿と、現役の航空機が並ぶダイナミックな光景にただただ圧倒される。離陸していく航空機も間近で見られ、目を奪われる。加えて、ガイドの丁寧な説明があるため、見学後には航空機がより身近に感じられる。格納庫には空調設備がなく、夏場・冬場は過酷な環境なため、24時間体制で乗客の安全を守る整備士の方々への感謝の念が湧いてくる。

「整備士のように、普段接する機会がないスタッフも、安全な空の旅を支えていることを実感してくださる来館者さまは数多くいらっしゃいます。一方、整備士も、来館者のまなざしのおかげで仕事へ向かう意識・仕事への誇りが自然と高まっており、良い相互作用が生まれていると感じます」（吉田氏）。

旅以外では最大。オーディエンスとJALとのコンタクトポイント

JALスカイミュージアムは、航空機での旅を除くと、JALとの最大のコンタクトポイントであり、社内外のあらゆるステークホルダーを含むパブリック（社会）とのより良い関係が自発的に創発される最強のPR装置と言えるのではないだろうか。研修で来館する社員、採用説明会に参加する学生、世界中の航空ファンやインフルエンサー、ドラマの聖地巡礼をする若者、共同

格納庫見学風景（写真提供：JAL）

記者会見を行うパートナー企業、行政や自治体の見学者、地元の小・中・高校生や全国の修学旅行生……幅広いオーディエンスの「JALへの親しみ」を高め、さまざまな「関係・つながり」をつくるために、同ミュージアムは大きな役割を果たしていると言えそうだ。

パーパスを体現した「みんなの心はずむミュージアム」

JALスカイミュージアムは生き物だ。ミュージアムの見学ルートは自由、コンテンツのデジタル化により資料のアップデートが定期的に行われ、ガイドの解説内容にもそれぞれ個性があり、何度来ても楽しめる。今回の見学中にも、吉田氏からは「フューチャーゾーンでは静止画だけではなく映像も楽しめる場にしていきたい」と、ミュージアムをさらに進化させるアイデアが語られた。また次回訪れる機会が得られたなら、新たな発見があることだろう。

見学中に何度も子供のような歓声を上げた筆者は、JALが掲げるパーパスを思い出した。「多くの人々やさまざまな物が自由に行き交う、心はずむ社会・未来を実現し、世界で一番選ばれ、愛されるエアラインググループを目指します」。JALスカイミュージアムは、世界で一番選ばれ、愛されるために進化を続けるJALのパーパスを体現した「自由で、心はずむ場所」なのだ。

13 Kao Museum

"清浄"の文化史と"正道"の志

花王ミュージアム

所在地：東京都墨田区　　**運営**：花王株式会社　　**オープン**：2007年

生活者との距離の近さを重視

　花王の本社は東京都中央区日本橋茅場町に位置するが、東京にもう一つある事業所が、墨田区文花のすみだ事業場だ。現在、花王の研究開発・事業・サプライチェーン・管理部門などが入っている。JR亀戸駅

花王のすみだ事業場／花王ミュージアム外観 (写真提供：花王)

から徒歩圏にあるこのすみだ事業場内に「花王ミュージアム」はある。

　花王のすみだ事業場は1923 (大正12) 年に吾嬬町工場として操業を開始し、2023 (令和5) 年8月に100周年を迎えた。すみだ事業場内の東京工場は、2023年1月から新たな事業や挑戦に向けた支援を行う「インキュベーションセンター東京」として始動し、「人と社会と地球にやさしいモノづくり」の拠点へと変革を推進している。さらに同事業場は、地域に開かれた広場の新設、災害時の一時滞在スペースの整備、廃棄処分されるポリエチレンテレフタレート素材 (廃PET) を活用した高耐久舗装や太陽光発電の活用による環境負荷低減などで、墨田区とも連携したまちづくりや防災に取り組んでおり、地域社会に貢献し、親しまれる事業場を目指している。

　大手グローバル企業で東京都内に研究施設と工場を併せ持つ企業は数少ない。生活者に密接したさまざまな製品を生み出す花王が、生活者に近く、メディアの拠点が集中する大都市圏で、生活者と交流しながら、情報を発信し、新たなプロダクトを生み出すために、このすみだ事業場に研究・生産拠点を置いている理由が理解できる。

　また、すみだ事業場は全国に10カ所ある花王の工場のうち、最も古い工場となっている。創業期には南豊島郡内藤新宿町 (現在の東京都新宿区) にあった製造工場は、主力製品の「花王石鹸」の売り上げ伸長に伴い、1896 (明治29) 年4月に本所区向島須崎町 (現在の墨田区向島) に移転した。そ

の6年後の1902（明治35）年には南葛飾郡吾嬬村請地（現在の墨田区文花1丁目）に新工場が竣工、さらに1922（大正11）年、南葛飾郡吾嬬町小村井（現在の墨田区文花2丁目）の吾嬬町工場が竣工した。しかし操業開始の翌日に関東大震災で被災し、甚大な被害を受けた。それでも社員総出の復旧活動により20日後には花王石鹼の生産を再開した。荒川と隅田川に囲まれたこの地では、水運の発達とともに、工場からの流通力も増し、花王の事業は発展していった。

花王ミュージアムは、2007（平成19）年1月に、すみだ事業場内にあった「清潔と生活の小博物館」（1990〈平成2〉年10月開館）をリニューアルする形で開館した。花王に創業以来受け継がれている社会貢献を大切に考える精神や、花王の誕生と成長の背景となっている日本の「清浄文化」を伝え、歴史を通して未来をどうつくるかを考える場を人々に提供したいという思いで運営されている。そして同ミュージアムは、花王の企業活動が多角化し、複雑で分かりにくくなっている今、企業活動の全体像を歴史的な流れの中できちんと位置付け、消費者・取引先・従業員に理解してもらうための「コミュニケーションのハブ」となることを目指している。現在の花王は、ハイジーン＆リビングケア事業、ヘルス＆ビューティケア事業、化粧品事業、ライフケア事業、工業製品を製造するケミカル事業など、BtoCからBtoBまで多角的にビジネスを展開している。一般生活者にとって、その全体像を理解する機会はなかなかない。広大な面積のミュージアムと多くの収蔵品

に、創業から137年の歴史の厚さがうかがえる。

花王ミュージアムはコーポレート戦略部門コーポレートカルチャー部に所属。花王の広報資産として機能し、同社の企業精神・文化を社内外に伝えている。現在は、経営戦略上重要となっている社員活力の最大化に貢献することを目的に、花王グループの社員の見学機会を増やしたり、花王史を通じて社員に花王の精神を理解してもらう活動を強化したりしている。コロナ禍には「手洗い運動 1932（昭和7）年」の展示を加えた。昭和初期から衛生習慣の啓発を行っていた企業姿勢を、驚きをもって受け止めている社員も多くいたそうだ。同時に、ESG経営の源流がどこにあるかなど、経営理念をより深く理解できた、という声もあり、社員のエンゲージメント強化にも寄与している。

そのほかに、取引先や官公庁、共同研究を行う大学関係者、学校などの団体、一般の生活者などの多様な見学者を受け入れている。海外渡航上の制限がなくなったことをきっかけに、海外の取引先や海外グループ会社の社員の来館も増えているようだ。

コロナ禍前の2019（令和元）年の年間来館者は約1万8000人。コロナ禍での閉館や人数制限の影響で2020（令和2）年以降は来館者数が落ち込んだが、2023年後半は回復傾向で、2007年の開館から2023年7月までの累計では25万人を超えた。見学はミュージアムスタッフが説明員として随行する形式。一部の展示物では、日本

花王ミュージアム
Kao Museum

今回案内していただいた、コーポレート戦略部門コーポレートカルチャー部花王ミュージアム館長の冨士氏（筆者撮影）

語のほか英語・中国語にも対応しているなど多言語対応もされている。

本稿の取材に際しては、花王ミュージアム館長の冨士章氏に解説していただいた。35年余にわたり花王に勤務されており、米国での商品開発や花王パーソナルヘルスケア研究所長なども歴任した、花王を深く知る人物である。

清浄文化からの花王の歴史、そして未来を展示

花王ミュージアムを語る上で欠かせないキーワードの一つは「清浄」だ。花王のメーカーとしての原点は、1890（明治23）年に発売され、当時としては高品質かつ手の届きやすい価格で国産石鹸ブランドの地位を確立した最初の自社製品、花王石鹸

である。

花王ミュージアムには三つのゾーンがある。一つ目の「清浄文化史ゾーン」では、人類の歴史の中で清浄文化がどのように誕生したかということと、日本史の中での清浄文化の発展を紹介し、その流れで明治期の花王創業の背景につなげている。

まず、古代メソポタミア文明の記録や収蔵品によって、当時の人類がすでに石鹸を有していたことを紹介している。ローマ帝国時代の展示に進むと、ローマではカラカラ浴場などに代表されるテルマエ（浴場施設）が建設され、市民が体を清潔に保ち、入浴を楽しむ文化があったことが分かる。

日本では、「日本書紀」に登場する大海人皇子が、壬申の乱で背中に矢を受けた際に、蒸し風呂で傷を癒やしたという伝承

が残っている。江戸時代になると、江戸の町には、多摩川の上流から上水が引かれた。地下水路が張り巡らされ、上水井戸から、きれいな水を得ることができた。排せつ物は直接川に流さず、厠で回収されて肥料として再利用された。洗濯でも、台所で出る灰に水を通して、自家製の洗濯液としていた。このような、物質を再利用する「もったいない精神」は、清浄文化とつながり、今日の日本人のきれい好きな国民性をつくったともいわれている。

花王の歴史

二つ目の「花王の歴史ゾーン」では花王の創業から現在に至るまで、決して平坦ではない歴史を紹介している。歴史のトピックスを通じて、今に通じる花王の企業理念や商品開発の考え方を知ることができる。

1887 (明治20) 年、初代長瀬富郎は、23歳のときに東京の日本橋区馬喰町 (現在の中央区日本橋馬喰町) に、石鹸や歯磨き粉など日用品を扱う長瀬商店を創業した。当時の石鹸といえば、高価で高品質な舶来品か、安価で粗悪な国産品しかなかったが、手の届きやすい価格で良質な国産石鹸を作ることを考えた初代富郎は試行錯誤を重ね、1890年に花王石鹸を完成させ、発売した。石鹸を十数枚の説明書きと品質保証書で包み、桐の箱に収めることで、高品質な石鹸だということを印象付けた。この花王石鹸がヒーロープロダクトとなり、その後の企業・花王の姿をつくっていくことになる。

ちなみに、「花王」という名称は初代富郎が考案したものである。顔に使用するこ

1890年発売、花王石鹸 (桐箱入り) (写真提供：花王)

とができ、香りも良い高級石鹸であることを印象付けるため、当初は顔の発音に通じる「香王」で商標登録を出願した。しかし、ゆくゆくは販売エリアを中国などアジア圏にも広げていくことを当時から考えていた初代富郎は、中国で縁起が良いとされる「花」が、庶民でも読みやすく、書きやすいと考え、発売時には「花王」に改めた。約130年前のブランド名が今なお受け継がれていることを考えると、当時からグローバルな視座で普遍的な価値を見いだすクリエーティビティーを持ち合わせていたと言えるだろう。

長瀬商店を合資会社長瀬商会に改組した直後に48歳の若さで亡くなった初代富郎の後、息子の富雄が二代長瀬富郎を襲名。1925 (大正14) 年に花王石鹸株式会社長瀬商会が設立されて合資会社長瀬商会と合併し、1927 (昭和2) 年、二代富郎が社長となった。社長就任時には、「企業経営の目的は、社会的使命を果たしながら、社業を拡大していくこと」と語っている。これは今のCSV (Creating Shared Value：共通価値の創造／本業での社会貢献) と同じ概念を語っており、花王ミュージアムを訪れる来訪者が、現代につながる経営思想に驚かされる展示になっている。

二代富郎は、彼の社長就任時まで約40年間、発売時に近い姿で続いていた花王石鹸ブランドを、大きく刷新する変革者にもなった。社長就任後すぐに欧米を視察し、石鹸の製造方法の近代化を図る。欧州の最新設備を輸入するなどして改良を重ね、1931 (昭和6) 年に新装「花王石鹸」を

1960年前後の団地での生活を再現した展示 (写真提供：花王)

発売した。より高品質で低価格、そして包装デザインも斬新なものとなり、一般家庭にも石鹸が一気に広がっていくことになった。ロングセラー商品の大改革により、石鹸の流通量が一気に増えて、日本の生活者の衛生環境の向上に大きく貢献した。

またこのゾーンでは、1960 (昭和35) 年前後、高度経済成長期を支えた、昭和の団地の一室での生活を再現した展示も見ることができる。独立行政法人都市再生機構 (旧日本住宅公団) の協力で再現されたこの部屋は、花王ミュージアムの目玉の一つであり、当時画期的だったダイニングキッチンと呼ばれたスタイル、水洗トイレ、風呂場などの実物を見ることができ、日本の高度経済成長期を知る来館者のノスタルジーをかき立てている。当時の花王製品も展示されており、高度経済成長期の日本人の生活や文化の向上に寄り添い、新しい生活スタイルのニーズに合わせた商品

花王の創業者・初代長瀬富郎が残した言葉「天祐ハ常ニ道ヲ正シテ待ツベシ」（筆者撮影）

を提供してきたことを伝えている。

花王ミュージアムが伝えるフィロソフィー

　「天祐ハ常ニ道ヲ正シテ待ツベシ」。歴史ゾーンの最後に飾られている、花王の創業者・初代長瀬富郎が残した言葉である。「勤勉に働き誠実に生きる人々こそが幸運をつかむことができる」という彼の考えを示している。

　この考え方は現在も、花王の企業理念「花王ウェイ」に「正道を歩む」という表現で引き継がれ、グローバルに展開する花王グループの3万5000人を超える社員に深く浸透。企業理念「花王ウェイ」では、企業のパーパスも表現されている。「豊かな共生世界の実現」がそれで、花王が創業以来大切にしてきた、さまざまな社会課題の解決や人々の暮らしの向上に貢献したいという志が表現されている。

花王の今と未来

　最後のゾーンは、「コミュニケーションプラザ」といい、花王の最新の活動、より良い未来のための活動について紹介している。

　例えば、環境問題への対応として、廃PETを有効活用し、アスファルト舗装を高耐久化する改質剤「ニュートラック」の紹介がある。アスファルトに約1％添加するだけで、従来のアスファルトの何倍も耐久性が上がるという。将来的に導入が進むと考えられている自動運転では、車が道路の同じ場所を通ることになるため、その場所が削れてわだちになりやすくなり、アスファルトの補修が頻繁に必要になることが懸念される。その補修頻度を低減することが、環境負荷の軽減にもつながると考えられる。

　このように、これまでの花王を形作ってきた過去の製品から、現在、そして未来の社会につながる花王の研究・商品開発までを花王ミュージアムでは見ることができる。

コミュニケーションプラザ（写真提供：花王）

大都市東京に存在する 企業ミュージアムの意義

花王は2009（平成21）年に策定したコーポレートスローガン「自然と調和する こころ豊かな毎日をめざして」を2021（令和3）年に改定し「きれいを こころに 未来に」を掲げた。新たなコーポレートスローガンでは、花王が社会に提供すべき具体的な価値を「きれい」という言葉で表現している。

冨士氏は「地球をきれいに保つこと、危害をきれいに消し去り命を守ること、みんなが笑顔で暮らせるきれいな生活を創ることで、世界中の人々のこころ豊かな未来に貢献していく。花王は、この新しいコーポレートスローガンを軸に、さらに一段高い社会への貢献を行い、豊かな共生世界の

花王ミュージアムエントランス（写真提供：花王）

実現を目指す」と、花王のパーパスを語る。

冨士氏は続けて「石鹸の販売、そして製造から始まった花王にとって、『きれい』という概念は、生活者に届ける価値であり、企業理念とも深い関係があり、日本発の企業としての存立基盤の一角を成していると考えている。花王は『豊かな共生世界の実現』をパーパスとしており、生活者だけではなく地球もステークホルダーと考えて、共生していける世界の創造を目指している」と語った。

このパーパスを伝えている花王ミュージアムは、事業が多角化し、ステークホルダーの多様化も進む今日において、花王が世の中に提供するプロダクトや広告と共に生活者に強く訴え掛け、ステークホルダーエンゲージメントを強化する重要なコミュニケーションメディアと言える。オウンドメディアとしては、一度に情報を伝えられる人数は限られているが、大都市東京に、研究施設やインキュベーションセンターと共に存在することにより、未来へ向けた花王のメッセージを強く発信する場ともなっている。

経営の根幹"京セラフィロソフィ"の伝承

京セラ 稲盛ライブラリー

所在地：京都市伏見区　運営：京セラ株式会社　オープン：2013年

"京セラフィロソフィ"
希薄化の危機感から設立

京都の南東部に位置し、桂川、宇治川などの良質な水に恵まれ、古くから酒造業や農業で栄える京都市伏見区。先進的創造都市づくりを掲げる高度集積地区「らく

稲盛ライブラリー5階に再現された稲盛の執務室
（写真提供：京セラ／稲盛ライブラリー）

なん進都」の中心に、京セラ株式会社本社と「稲盛ライブラリー」はある。ライブラリー設立の目的は「創業者・稲盛和夫の人生哲学、経営哲学である"京セラフィロソフィ"を学び、継承すること」だ。この創業者の精神をベースにさらなる成長を続ける企業でありたい、という思いを込めた。

ターゲットは京セラグループの全従業員のほか、世界の経営者、ビジネスパーソン、学生など。特に海外からの訪問客が多く、年間2万人の来館者のうち40％を外国人が占める。パンフレットは、日本語のほか、英語、中国語（簡体字）、韓国語のものをそろえている。ガイド2人、学芸員2人を擁し、10人以上の団体にはガイドが付く。運営は、京セラ総務人事本部稲盛ライブラリーの研究課、オペレーション課が担当している。一般の見学以外にも、地方自治体などの依頼を受けて、稲盛哲学を学ぶ研修を実施しているほか、同社の社会活動推進課と連携し、地域のウオーキングイベントの拠点として提供するなど、地域活動にも積極的に参加している。

稲盛ライブラリーは、2002（平成14）年、当時の代表取締役会長・伊藤謙介氏の発案によって、従業員の研修施設の一部として旧本社（京都市山科区）でスタートした。2013（平成25）年に、現在の京セラ本社隣の、改修した8階建てのビルに移設され、同時に一般公開された。ちょうど稲盛が日本航空株式会社（以下、JAL）から戻ってきたタイミングに重なり、旧本社にはなかったKDDI株式会社やJALの資料も加わった。1階から5階が展示フロアとなっており、

京セラ本社に隣接した8階建ての稲盛ライブラリー
（写真提供：京セラ/稲盛ライブラリー）

収蔵する資料、展示物、画像データ、動画データは計16万6000点に及ぶ。

　稲盛本人は、自身の功績を紹介する、ということにためらいがあった。しかし、京セラの創業前に稲盛が勤めていた松風工業を一緒に退職し、創業に参画した伊藤には、「フィロソフィが希薄化した時、京セラの命運は尽きる。これを継承していかなければならない」という危機感があり、ライブラリーの必要性を訴えた。最終的には稲盛も、自身の軌跡や資料類を公開することで後進の役に立つのであればと考え、設立に至った。伊藤は1994（平成6）年の創立35周年記念には、手のひら大の「京セラフィロソフィ手帳」も発案し、全従業員に配布している。

創業者・稲盛和夫について

　稲盛は1932（昭和7）年、鹿児島の印刷会社の次男として生まれ、12歳の時に、死病といわれた結核に感染し回復するものの、旧制中学、大学の受験に失敗するなど挫折を重ねた。入学した鹿児島大学工学部では優秀な成績を収めたものの就職難で、教授の推薦でようやく“つぶれかけたような”松風工業株式会社という京都の碍子製造会社に就職。5人いた同期は次々と辞めていき、残った同期と自衛隊に転職しようと試験に合格するも、退職に反対する兄が必要書類を期日までに送らず、稲盛だけが松風工業に残ることになった。

　開き直って仕事にまい進するうちに良い研究成果が表れるようになり、稲盛は仕事を好きになる。するとわずか1年半で、世界で2例目となる「フォルステライト」という高周波絶縁材料の合成に成功。フォルステライトは、当時需要が急増していたテレビのブラウン管に使う絶縁用部品「U字ケルシマ（オランダ語でセラミックスの意）」の原料として使用されていた。松風工業は、欧米からの輸入に頼っていたU字ケルシマの製造を松下電子工業（現・パナソニック ホールディングス）から依頼され、フォルステライト磁器の開発に乗り出していた。

　その後、上司との衝突がきっかけで会社を辞めた際、かつての上司である青山政次とその友人らが会社設立の資金を工面。300万円の資本金と宮木電機製作所の専

京セラ創業者・稲盛和夫（写真提供：京セラ/稲盛ライブラリー）

務・西枝一江が自宅を担保にして借り入れた運転資金1000万円を元に、京都セラミック株式会社(現・京セラ)を起こす。1959(昭和34)年、稲盛27歳の時だ。自分を信じ、チャンスをくれた支援者たち、従業員、その家族の期待に応えようと昼夜関係なく研究にいそしみ、また経営を学んだ。将来の待遇保証を求める従業員の要求や、技術開発の壁に何度もぶつかりながら、大手企業の基幹部品を受注するまでになり、目覚ましい勢いで会社を成長させる。こうした歩みの中で生み出したのが、独自の経営哲学であり、"売上最大、経費最小"を促し、小さな組織で独立採算制を敷く"アメーバ経営"だ。

1984(昭和59)年、稲盛は、「通信業界は、複数企業が参入し、健全な競争市場があってこそ、料金が下がりサービスが向上し、それこそが国民社会のためになるはずだ」という信念の下、"動機善なりや、私心なかりしか"と何度も自らに問うた結果、日本電信電話公社(現・日本電信電話)の民営化のタイミングで、第二電電企画株式会社(現・KDDI)を興し、KDDIの発展の礎を築いた。

また、2010(平成22)年、80歳になる手前で政府の要請を受け、経営破綻したJALの会長に無報酬で就任。「戦後最大の負債を抱えた大企業を航空業界を知らない稲盛が再建できるのか」「晩節を汚すことになるのではないか」と心配する声もある中で、最終的には、JALを救うことが世の中のためになると考えた上で決断に至った。そしてJALはわずか2年半で再上場を

果たすなど奇跡的なV字回復を実現した。

稲盛は、自らの会社の経営以外にも、1983(昭和58)年、若手経営者に請われて経営哲学を説く盛友塾(後の盛和塾)を開設し、ボランティアで後進の育成に注力する。2019(令和元)年に高齢を理由に閉塾するまでに世界104塾、1万5000人弱の塾生を抱える経営塾になっていた。

社会活動としては、1984(昭和59)年、私財を投じて稲盛財団を設立し、翌年、人類、社会の進歩、発展に貢献した人に贈る国際賞・京都賞を創設。1997(平成9)年には臨済宗妙心寺派円福寺にて在家得度。晩年は、稲盛財団の活動にも力を入れた。

稲盛ライブラリーのエッセンスが詰まった1階「総合展示」

入館するとすぐ目に飛び込んでくるのは、エントランスホールに掲げられた、京セラの社是は「敬天愛人」の書だ。"天を敬い人を愛す"という意味の言葉は、稲盛の出身地・鹿児島の英雄、西郷隆盛(南洲)が好んで口にしていたものだ。

稲盛は、創業時の支援者の一人、株式会社宮木電機製作所の社長・宮木男也から南洲神社にあった西郷隆盛直筆の臨書を贈られ、執務室に飾っていた。1階は、稲盛の誕生から思想のもととなった多くの人との出会いや出来事、技術者・経営者として行った事業の概要までが展示され、全館をめぐる時間のない人たちでも短時間でインプットできる。

稲盛は、生涯で73冊(自著55冊、共著18冊)の書籍を上梓。その発行部数は累計

5階執務室（再現）に飾られている西郷隆盛書「敬天愛人」の臨書（写真提供：京セラ／稲盛ライブラリー）

2500万部を超えており（共著含む）、このフロアでは代表的な書籍も展示している。なかでも「生き方──人間として一番大切なこと──」（2004〈平成16〉年、サンマーク出版）は15言語以上に翻訳され、特に中国では600万部のベストセラーになっている（2024〈令和6〉年1月現在）。

それまで欧米に倣って事業を行ってきた中国の経営者たちが、経済危機に直面して「欧米流経営には限界がある」と考え始めたころ、「経営は手法ではなく、経営者の人としての生き方を実践によって示すこと。そうしない限り、従業員の心をつかみ真のリーダーシップを発揮できない」と説く稲盛の考え方は、目からうろこが落ちるような衝撃を与え、たちまち中国の経営者層、ビジネスパーソンの心をわしづかみにした。

松下電子工業製ブラウン管テレビとU字ケルシマ（写真提供：京セラ／稲盛ライブラリー）

このフロアには、「敬天愛人」というタイトルの動画が視聴できるプレゼンテーションルームもあり、来館者から「理解が深まる」と好評を博している。動画では稲盛の生い立ち、思想とともに行ってきた事業や社会貢献活動が凝縮されて紹介されている。

2階「技術・経営」

2階から5階の各フロアには、それぞれテーマ、コンセプトが設けられている。2階のテーマは「技術・経営」で、技術者・経営者としての稲盛の歩みが展示されている。松下電子工業製ブラウン管テレビの手前に細く小さなU字型のセラミックス製の部品が置かれている。稲盛が世界で米ゼネラル・エレクトリック（GE）に次ぐ2例目として合成に成功した高周波絶縁材料、フォルステライトを使用したU字ケルシマ（前述）だ。

松風工業時代に稲盛が考案した窯業用としては国内初の電気トンネル炉のレプリカ、京セラ創業当時に三菱電機から受注し、苦心の末開発に成功した水冷複巻蛇管のレプリカ、天然エメラルドと全く同じ組成で合成した再結晶エメラルドも展示されている。

水冷複巻蛇管は複雑な形状をした大型の送信管冷却用の蛇管で、磁器の乾燥工程中にひびが入らないよう、管全体に布を巻き付け、稲盛が徹夜で抱いて少しずつ回転させてゆっくり乾かした。"手掛けた製品は決して諦めず、何がなんでもやり遂げた"というエピソードでよく語られていた

再結晶エメラルド（写真提供：京
セラ/稲盛ライブラリー）

水冷複巻蛇管のレプリカ
（写真提供：京セラ/稲盛ライブラリー）

サイバネット工業の買収を機に京セラが開発し
てOEM供給したNECのパソコンPC-8201。
"マイクロソフトの創業者・ビル・ゲイツ本人が
プログラミングに参加した"というエピソード
を持つ（写真提供：京セラ/稲盛ライブラリー）

製品だ。

　ここには、京セラの行動規範を記した京
セラフィロソフィ手帳のほか、稲盛が経営
に関わったKDDIやJALでも京セラと同じ
ように作られたフィロソフィ手帳も展示さ
れている。ひときわ人目を引く展示物は、
JALの整備士ら有志が、稲盛の退任時に、
感謝を込めて贈呈した"楽団オブジェ"だ。

　このオブジェは、不要になった飛行機の
部材を使って整備士が作ったオーケストラ
の人形で、名指揮者（稲盛）を迎え、自分た
ちは見事なハーモニーを奏でることができ
た、という気持ちが込められているのだろ
う。15体の人形のうち同じポーズのものは

JALの整備士らから贈呈された"楽団オブジェ"（写真
提供：京セラ/稲盛ライブラリー）

一つもない。おのおのが自分の役割を果
たすことで企業は成り立つということを表
現しているかのようだ。

3階「思想」

　入り口の正面には、稲盛の最初の著作
である「心を高める、経営を伸ばす」（1989
〈平成元〉年、PHP研究所）が飾られている。帯
の推薦文は、稲盛が"ダム経営"を倣った
経営の神様、松下幸之助（パナソニックホール
ディングス株式会社創業者）だ。「"人間に与えら
れた無限の能力を信じ、その能力を存分に
発揮して充実した人生を味わおう"と訴え
かけておられるが、その情熱と信念には
心打たれるものがあった」と書かれている。

　3階の中央に壁で仕切られた区画があ
り、壁の外側には、「稲盛経営12カ条」が
展示されている。内部はシアターになって
いて、盛和塾での講話「人生・仕事の結果
＝考え方×熱意×能力」「仕事を好きにな
る」など六つの映像を視聴することができ
る。一人ひとりに語り掛けるような実直な
語り口調から、謙虚、真面目、誠実な人柄

松下幸之助が推薦文を寄せた「心を高める、経営を伸ばす」（写真提供：京セラ/稲盛ライブラリー）

日本アイ・ビー・エムから贈られた「考えよ」のプレート（写真提供：京セラ/稲盛ライブラリー）

経営12カ条

第一条	事業の目的、意義を明確にする
第二条	具体的な目標を立てる
第三条	強烈な願望を心に抱く
第四条	誰にも負けない努力をする
第五条	売上を最大限に伸ばし、経費を最小限に抑える
第六条	値決めは経営
第七条	経営は強い意志で決まる
第八条	燃える闘魂
第九条	勇気をもって事に当たる
第十条	常に創造的な仕事をする
第十一条	思いやりの心で誠実に
第十二条	常に明るく前向きに、夢と希望を抱いて素直な心で

稲盛経営12カ条（写真提供：京セラ/稲盛ライブラリー）

を感じることができる。

　展示物には、"人生・仕事の結果＝考え方（-100〜100）×熱意（0〜100）×能力（0〜100）"の方程式の思考過程が分かる原稿もある。"意志×能力×考え方"とペン書きされた"意志"の上に鉛筆書きで"熱意"と書かれている。「人間として一番大切なのは、善き考え方。能力がない人は熱意で補えば、能力があって何もしない人よりも積は大きくなる」という言葉は、多くの人を納得させ勇気づけた。ほかには、稲盛が数多くの試作品を詰め込んで持ち歩いた革かばん、心のありようを考えた同心円状のメモや、滋賀本社時代の机、愛用品が展示されている。机上の日本アイ・ビー・エム株式会社から贈られた「考えよ」のプレートは、30代の滋賀本社時代に座右の銘のように好んだ言葉で、元は稲盛自身に向けて置かれていたという。

4階「社会活動」

　稲盛は、技術、経営、社会活動などの栄誉をたたえられ、さまざまな賞を受賞するようになるが、むしろ京セラで多くの財を成した自分こそ人に賞を贈り、世のため人のために活動した人に報いてあげなければならないのではないか、そしてそれは、"利他の心"で行わなければならない、と考えた。

　先述の通り、1984年に私財200億円を投じて稲盛財団を設立。翌年、人一倍努力をし、人類の科学、文明の発展や精神的深化の面で著しく貢献をした人を顕彰する国際賞・京都賞を創設した。今日まで自分を育んでくれた世の中にお返しをしたい、また、人知れず努力をしている研究者が心から喜べる賞が世の中に少ない、という二つの理由からだった。フロアには、京都賞のメダルのレプリカや歴代の受賞者の

写真が展示されている。その中には、後にノーベル賞を受賞した10人の研究者も含まれている。

また、先述の通り、稲盛は若手経営者育成のため盛和塾の塾長をボランティアで務めた。「経営の要諦はトップの持つ心にある。経営の真髄を感得して、経営者の心が変わるならば、経営は必ず順調にいく。自分自身の人徳を高め、企業の安定と隆盛を志す全国の経営者たちよ集え」という呼び掛けに応じた中小企業の経営者が、直接講話を聞き、経営哲学を学んだ。うわさを聞きつけた人たちによって次々に地域で塾が誕生し、世界に広がっていった。ブックオフコーポレーション株式会社や俺の株式会社を創業した坂本孝、濵田酒造株式会社の濵田雄一郎氏、ファミリーイナダ株式会社の稲田二千武氏ら有名経営者も机を並べていた。

稲盛がJALの再建を任された際、塾生たちが「今こそ、塾長に恩返しだ」と「JAL応援団」を結成し、5500人（当時）の塾生が一人100人ずつに呼び掛けてJALスタッフに応援カードを渡し、55万回の搭乗を目指す大キャンペーンを張った。稲盛の“利他の心”が周りに共鳴したのだ。4階中央にもシアタールームがあり、稲盛財団や盛和塾の活動内容や、1階のプレゼンテーションルームと同じ「敬天愛人」の動画を視聴することができる。

5階「執務室（再現）」

5階には、稲盛の執務室をそのまま再現した部屋がある。「敬天愛人」の額、部下と議論を重ねた大テーブル、デスク。机上にあるのは、西郷隆盛の「南洲翁遺訓」のほか、名刺、ネームカード、ペン類などごく平凡な事務用品。物へのこだわりは特になかったという。壁面の書棚には、自著や、松風工業時代から座右に置いてひもといた研究書、いろいろな人からの頂き物が飾られている。

稲盛はこの部屋で沈思黙考し、経営構想を練り、「南洲翁遺訓」をひもとき、たびたび自らを戒めた。時に外まで響く声で、「正しい道」を教え、人々が部屋を出る時、「ありがとう」と手を合わせた。励まされた人も叱られた人も目を輝かせ、新たな決意を誓ったという。ここを見て、見学者はリーダーの日常を連想し、従業員は在りし日の経営者の姿を追憶する。

善きリーダーが増えれば
世界はおのずから善い方向へ

稲盛は生前、「自分の分身が欲しい」とよく口にしていたそうだ。それぞれのリーダーが独立採算で責任を持って運営する“アメーバ経営”では、アメーバ自らが分裂して増えていく。

一人でできることには限界がある。また、人のすることは正解ばかりではないが、「人として大切なこと」を判断基準に置き、考えに考えて実践するリーダーが増えれば、きっと世界はおのずから善い方向に向かっていく、と稲盛は確信していた。稲盛ライブラリーは、稲盛の生き方に共感し、心を高め、よりよく生きようとする人への“着火装置”のような存在なのだろう。

15 Daiichi Sankyo Kusuri Museum

「くすりの楽しさ」で
創薬の未来を変革

Daiichi Sankyo
くすりミュージアム

所在地：東京都中央区
運営：第一三共株式会社
オープン：2012年

Daiichi Sankyo くすりミュージアム入り口（写真提供：第一三共）

「くすりの街」の体験型ミュージアム

　江戸時代に城下町として栄え、近年では都市開発で高層ビルが続々と誕生した、東京・日本橋。伝統と近代性が融合するこの町の中で、中心地域の役割を担った本町エリアは、かつて徳川家康から薬種問屋街に指定された歴史を持つことから「くすりの街」としても知られ、今でも多くの大

手製薬会社が本社を構える。

　町のシンボルの一つである日本橋三越本店を背に、そびえ立つビル群を進んでいくと、突如としてポップなカプセルの絵が施されたガラス張りの入り口が現れる。第一三共が運営する「Daiichi Sankyo くすりミュージアム」だ。

　第一三共は、三共と第一製薬とが2005

Daiichi Sankyo くすりミュージアム 2階展示スペース （写真提供：第一三共）

（平成17）年に経営統合して誕生した大手製薬会社である。グループでは、がん領域を中心とした医療用医薬品から、OTC医薬品（処方箋がなくても購入できる医薬品）まで、幅広いくすりを開発・製造・販売する。さかのぼると、三共が創立時に発売した消化酵素剤「タカヂアスターゼ」は、夏目漱石の小説「吾輩は猫である」に登場するほど

長い歴史を持つ。2023（令和5）年には、国内で初めて新型コロナウイルス感染症のmRNA（メッセンジャー RNA）ワクチンの製造販売を承認された。

　Daiichi Sankyo くすりミュージアムは、2012（平成24）年2月にオープンした無料の体験型施設で、「くすりと、もっと仲良くなれる」のコンセプトの下、新薬開発や薬

剤のはたらきについて学べる場となっている。開館以来、当初の目標であった年間1万人を大きく上回る数の来館者を迎え入れ、2022（令和4）年には開館から10年で累計14万人に達した。第一三共本社ビル1階・2階部分に位置し、総床面積は387.23平方メートル。2024（令和6）年時点では事前予約制となっており、4人のスタッフが常駐している。

デジタル技術と体験に特化した、くすりの情報発信基地

Daiichi Sankyoくすりミュージアムは、一般的な「資料館」や「博物館」とは大きく異なる。歴史的な資料や収集物の展示はなく、あるのは近未来的な空間に並ぶ大型スクリーンやデジタルゲーム、コンピューターグラフィックス（CG）といったデジタルコンテンツ。ここは、企業ミュージアムとしては珍しく、"デジタル技術"と"体験"に特化したミュージアムなのだ。

また、同ミュージアムが発信しているのは、自社の製品や歴史ではなく、「くすり」そのものについて。子供から大人までを対象に、専門性が高く、一般の生活者にはあまりなじみのないくすりの楽しさを学び、大切さを理解する機会を提供している。

見て、聞いて、触って！「くすりの世界」に没入せよ

館内は、「からだとくすり」「くすりの種」「くすりのはたらき」など複数のエリアで構成され、さらにそれらが22の展示コーナーに分かれている。入館すると、まず受付で渡されるのが、ICチップ内蔵のメダル。これをカプセル型のモニター「カプセルエントリー」で登録し、館内の各所に設置されたスポットに置いて、押したり回転したり操作することで、さまざまなくすりの謎が解明できるという仕組みだ。

エントリーを終えた後は、いざ展示エリアへ。一歩足を踏み入れると、スペースシップのような空間が広がり、胸が高鳴る。この展示エリア「からだとくすり」では、人

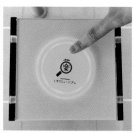

ICチップ内蔵メダル（写真提供：第一三共）

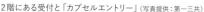

2階にある受付と「カプセルエントリー」（写真提供：第一三共）

「からだとくすり」の展示エリア（写真提供：第一三共）

来館者は消化管を通って体内を巡る「くすり」。くすりの世界への冒険が、コンテンツだけではなく、空間全体で演出されていることに気付く。

　続いては、メインの展示スペースへ。白を基調とした空間に、くすりの模型や、材料となる植物や生物の標本、実験機材などが並んでおり、その様はまるでラボラトリーをほうふつとさせる。それぞれが独立した展示コーナーとなっていて、メダルを置くとゲームやクイズ、映像コンテンツなどを開始できる。

　ここでひときわ存在感を放つのが、スケルトンの巨大人体模型だ。一見すると、白く光るプラスチック製の人体が横たわっているだけのようだが、これも「くすりのうごき」の展示。飲み薬や注射剤、坐剤など、

体がどのように構成され、病気のときに体内で何が起きるのかを、バーチャル映像で学ぶことができる。「実はこのエリア、人間の消化管をイメージして作られています」と教えてくれたのは、館内を案内してくれた第一三共ビジネスアソシエ総務推進部の薄井健氏。この通路が消化管であれば、

「くすりのうごき」の展示コーナー（写真提供：第一三共）

特定のくすりの種類を選ぶことで、消化管や内臓が人体模型に浮かび上がり、薬剤が体内をどのように巡っていくのか、吸収から排泄までの旅路を見ることができる。

さらに、ゲームコンテンツも充実している。例えば、円卓の展示「くすりのはたらき」では、特定の病気に対するくすりの効果を、対戦ゲーム形式で学ぶことができる。試しに「心臓発作」を選んでみると、原因となる血管内のコレステロールを正常値に保つために、余分なコレステロールをすくい上げて排除する、いわゆる「コレステロールすくい対戦」が始まった。ほかにも、最適な化合物を作る「ドラッグデザイン」を模した3Dパズルゲームや、くすりとして役立つ化合物を見つけ出す「スクリーニング」のゲームなど、創薬のプロセスについてもゲームを通じて体験できる。

これらの展示コーナーで特筆すべきは、来館者それぞれが、知りたい薬剤や病気について選択できることであろう。ゲームにせよクイズにせよ、幾つかのオプションから選ぶ工程が多くあるため、異なる選択をすると新たな知識や発見に行き着く。限られた空間の中でも、くすりの世界の深遠な広がりを体感し、リピーターも飽きることなく楽しめる仕掛けになっている。

組織横断的に制作する映像コンテンツ

Daiichi Sankyo くすりミュージアムには、映像コンテンツが数多くそろっているのも特長の一つだ。3画面の大型スクリーンを備えた「くすりシアター」では、「くすりの未来」や「くすりと日本橋」など複数の映像が上映されている。動画制作は時に、社内の専門部署の協力を得ることもあ

展示エリア「くすりのはたらき」(写真提供：第一三共)

「くすりシアター」（写真提供：第一三共）

り、例えば2023年3月に上映開始となった新作動画「人々を感染症から守るワクチン」は、社内のワクチン開発を担当する部署と連携したという。

　また、同ミュージアムで学べるのは、くすりについてだけではない。くすりを作る人々にもスポットライトが当てられていて、社員へのインタビュー映像もその一つだ。研究員やMR（医薬情報担当者）など、実際の新薬開発のさまざまな工程に携わる社員が登場するが、仕事内容や創薬にかける思いを聞ける機会は、なかなかない。

　先述の通り、館内には自社に関する歴史的展示物はほぼないが、社員らの専門知識や経験を生かして、組織横断的にコンテンツを制作することで、第一三共ならではのミュージアムとなっているわけだ。もちろん、こういった映像コンテンツは対外向けに発信しているものだが、「自分た

ちの仕事が外に発信されることで、社員の誇りにもつながる」と第一三共調達管理部の臼井文浩氏は話す。同ミュージアムが、インターナル広報として社員の意識向上や一体感の醸成にも寄与している様子がうかがえた。

くすりのパーセプションチェンジを実現

　さて、ここまで展示エリアについて紹介してきたが、コンテンツのクオリティーやエンターテインメント性の高さだけをとっても、ここが入館無料の施設であることに感嘆する。「くすり」のミュージアムを運営する背景には、どういった目的や意義があるのだろうか。

　取材に協力いただいた第一三共グループ社員の方々に、Daiichi Sankyo くすりミュージアム設立に至った経緯を伺うと、当時、中学校での「医薬品の教育」の義

取材に協力いただいた第一三共グループ社員の皆さま。左から、第一三共ビジネスアソシエの薄井氏、第一三共の髙嶋朗氏、第一三共ビジネスアソシエの岡部宗祐氏、大葉祐子氏、第一三共の臼井氏（写真提供：第一三共）

務化や、くすりの購入経路の多様化などを背景に、製薬企業に対しても、くすりに関する教育や情報開示への期待が社会的に高まっていたとのこと。それならばと、企業としての社会貢献活動の一環として、第一三共のみならず、広くくすりや製薬業界への理解・信頼の醸成に寄与すること、そして、日本橋地域の活性化にもつながる活動を目指して、同ミュージアムが設立された。設計する際に着目したのは、「くすりの楽しさ」。楽しみながら、くすりのはたらきや創薬について学べる場とした。

ところで、「くすり」に対して、皆さんはどんな印象を抱いているだろうか。筆者が同ミュージアムを訪れるまでは、くすりとは、飲み薬の場合は苦くてまずい、塗り薬なら、痛いかもしれない。言われるがまま使用するだけで、よく分からない。好きか嫌いかでいうと、嫌い。こういったネガティブな言葉が出てくるものであった。大半の人は、同様の感情を抱くのではないだろうか。

そう考えると、第一三共が同ミュージアムを通じて実現しているのは、くすりのパーセプションチェンジだと実感する。ゲームや映像といったコンテンツ、そして空間全体の設計が巧みで、これらが面白いのはもちろんだが、そこから得られる知識——例えば、「くすりには、なぜいろいろな形があるのだろう？」「どうやって作られているのだろう？」と、一つずつ考えていき、分かってくると、楽しくて身近に感じられるのだ。

このパーセプションチェンジを、Daiichi Sankyo くすりミュージアムのロゴが的確に表現している。「薬」をよく見ることで、今まで気付かなかった「楽しさ」が見えてくるではないか。この気付きこそが、同ミュージアムが提供している最大の価値であり、存在意義なのである。

Daiichi Sankyo
くすりミュージアムロゴ
（画像提供：第一三共）

すべての人に開かれた場とする ユニークな仕掛け

くすりに親しみを持ってもらうための、Daiichi Sankyo くすりミュージアムのユニークなアプローチについても触れたい。オリジナルキャラクターの存在だ。

同ミュージアムには、1000のくすりの謎を知る名探偵「ジェームス」と、ジェームス

Daiichi Sankyo くすりミュージアム　オリジナルキャラクター。「くすりーな」(左)と「ジェームス」(右)(画像提供:第一三共)

の見習い助手「くすりーな」という2体のキャラクターがいる。彼らは、館内の資料やウェブサイトで、くすりに関する情報を初心者や子供向けに分かりやすく解説する。また、フォトスポットで撮影できたり、グッズも豊富に展開されていたりと遊び心にあふれていれる。

企業や製品のキャラクターはよくあるが、企業ミュージアムがオリジナルで設けるケースはかなり珍しい。しかし、難しく思われがちなトピックだからこそ、有効なアプローチのように思えた。つまり、初心者に寄り添うキャラクターによって、一般の来館者、特に子供たちにとっても親しみやすく、間口を広げる役割を果たす。

すべての人に開かれた場とするこだわりは、このほかにも随所に感じられる。例えば、外国人来館者にも配慮して、日本語以外に英語と中国語にも対応していたり、遠方の生活者にも情報発信できるよう、「オンラインミュージアム」を設けて、映像コンテンツの一部をウェブサイトで公開したりしている。くすりとは、誰もが関わるものだからこそ、ターゲットを線引きせず、インクルーシブにすることが重要であり、同

ミュージアムはそれをまさに体現していた。

創薬の未来にバトンをつなぐ

Daiichi Sankyo くすりミュージアムを訪れて、人生で初めて「くすり」に向き合ったような気がした。特に、創薬のプロセスの果てしなさと、そこに挑む製薬会社の覚悟は、計り知れないものであった。

くすりの開発の成功率は3万分の1といわれる。一般的に、開発期間は9〜17年を要し、数千〜数万人もの人々が携わる。これはあらゆる製品開発と比較してもトップクラスで、ロケットやスペースシャトルの開発にも匹敵する、もしくはそれ以上の時間と労力を要する。数万人がそれぞれの責任を果たし、バトンをつないで、やっと一粒のくすりが出来上がると聞くと、手元にあるくすりもものすごい発明品のように感じられる。

創薬が壮大なプロジェクトだからこそ、人材育成も極めて重要であることは言うまでもない。バトンをこの先の未来につなぐために、必要な人材を育てていく。製薬業界で恒常的に直面するこの人材面の課題に対して、Daiichi Sankyo くすりミュージアムは一つの答えであった。つまり、ここで体験した「くすりの楽しさ」は、子供たちにとって薬学への興味の種となり、創薬の未来を担う人材育成の可能性を広げていく。それは、体験型ミュージアムだからこそ生み出せる、ソーシャル・イノベーションへの一歩ではないだろうか。同ミュージアムを訪れ、たくさんの子供たちの笑顔を見て、創薬の未来に希望を抱いた。

16 Duskin Museum

創業者の思い"喜びのタネをまく"

ダスキンミュージアム

所在地：大阪府吹田市　**運営**：株式会社ダスキン　**オープン**：2015年

ダスキンの二大事業を軸とした企業ミュージアム

ダスキン創業の地、大阪府吹田市にある「ダスキンミュージアム」は、ダスキンの研修施設などが入るビルの1階と2階にある。総床面積1320平方メートル、約40

ダスキンミュージアム外観（写真提供：ダスキン）

人のスタッフで運営され、1階が「ミスドミュージアム」、2階が「おそうじ館」となっており、ダスキンの二大事業を軸にコンテンツ展開している。同ミュージアムは2013（平成25）年の創業50周年記念の一環として計画され、2015（平成27）年にオープンした。

創立時は建物を管轄している総務部が同ミュージアムの責任部署であったが、その後、広報部へ移管された。現在の館長である杦野雪絵氏は、広報部に所属している。同氏は1989（平成元）年入社以降、フードグループや訪販グループの事業部を経てコーポレートコミュニケーションを担当する広報部門に長く従事し、2024（令和6）年4月にダスキンミュージアムの館長に就任した。ダスキンに長年勤め、同社の歴史や文化について深い知識のある人物である。

ダスキンミュージアムでは、あらゆる世代が楽しめる場を目指しており、さまざまな層をターゲットとしている。来館者は家族連れや友人グループが多いが、フランチャイズ加盟店の社員の見学受け入れや、自社の新入社員の研修も行っている。海外からの来館もあるため、ウェブサイトからダウンロードできる英語、中国語、韓国語のパンフレットも用意している。

同ミュージアムは大阪の北摂地域の人気企業ミュージアムとなっており、2024年2月には累計来館者数が40万人を突破した。2023（令和5）年4月から2024年3月までの年間来場者数は過去最高の約10万人となり、土日などは、開館時間前に多い

日で50人ほどの列ができる。特に「ドーナツ手づくり体験」は人気があり、事前申し込みによる抽選制となっている。リニューアル後の目標来館者数は年間12万人としているが、それ以上は施設としてのキャパシティーを超えてしまうため、これがぎりぎり受け入れられる人数だという。

2階「おそうじ館」

まずは2階にあるおそうじ館からご紹介したい。おそうじ館ではダスキンや掃除の歴史を学べる展示がある。

ダスキン創業のきっかけは、1961 (昭和36) 年にまでさかのぼる。1911 (明治44) 年に生まれた創業者の鈴木清一（すずき せいいち）は、もともとはビルメンテナンスや清掃用品の販売を行う会社を経営していた。鈴木は1959 (昭和34) 年、奈良で開催されたDIA (Democracy in Action：キリスト教精神に基づく企業の民主化推進) 運動の創始者メルビン・J・エバンズ博士の講演会に出席し、感銘を受けた。エバンズと親交を深めた鈴木は、2年後の1961年、DIA研修のため渡米した際に、エバンズからカナダ人でセントラル・オバオール社長のルー・メンデルソンを紹介された。鈴木はメンデルソンと友情を結び、無償でダストコントロールシステム事業の技術を伝授された。ダストコントロールとは、水を使わずに清掃用具に特別な吸着剤を含侵させて粉じんやホコリなどのダストを除去する方法である。当時、日本の掃除といえば、ハタキ、ホウキ、雑

おそうじ館 (写真提供：ダスキン)

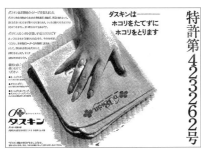

創業当時の広告（写真提供：ダスキン）

巾が一般的な掃除道具であった。雑巾掛けは水を使うので、特に冬場は家事を担う者には大きな負担となっていた。鈴木は帰国後直ちにダストコントロール事業に着手。1963（昭和38）年に株式会社サニクリーンを設立し、翌年の1964（昭和39）年に株式会社ダスキンと社名変更した。そして同年、「ホームダスキン」という名前で化学雑巾は誕生した。

水を使わない新しい掃除方法は、瞬く間に全国に広がり、人々をつらい水拭き掃除から解放し、「魔法のぞうきん」と呼ばれるようになった。

フランチャイズ、サブスクリプション、女性の積極登用

この画期的な新商品は、ビジネスの展開方法もまた画期的であった。当時、セントラル・オバオールは、このダストコントロールの事業をカナダではフランチャイズで展開していた。フランチャイズは日本人にはなじみのない概念である。お客さまの喜びを第一とするダスキンの経営理念に賛同する人々にビジネスチャンスを提供するため、鈴木は加盟店に商品や運営ノウハウを提供するフランチャイズシステムを導入。フランチャイズシステムを導入した時の社名はサニクリーンであったが、ダスキンはフランチャイズシステムをいち早く日本に導入したパイオニア的企業となった。

また、商品は買い取りではなく、定期的に汚れたものをきれいなものと取り換えるレンタルシステムを採用した。今では当たり前となっているサブスクリプションビジネスであるが、ダスキンは60年以上も前から導入していたのであった。

契約家庭を訪問してレンタル品を届ける「お客様係」には女性を積極的に登用。当時はまだ女性が職業を持つこともままならなかった時代、女性の社会進出にも貢献するなど、画期的な取り組みを行っていたことになる。

さらに、ホームダスキンのレンタルシステムは、環境にやさしいサーキュラーエコノミーの先駆けでもある。使用済みのレンタル品は回収し、97％を再商品化。どうしても再商品化が難しい残りの3％は燃料として、さらにモップやマットに付いたホコリや汚れまでセメントの材料として再資源化している。このようにダスキンは、幾つもの新しいビジネスモデルを日本でいち早く導入するなど、先進的な取り組みを続けてきた企業である。

おそうじ館ではダスキンや掃除の歴史以外に、体験型のアトラクションもある。ハウスダストを退治するシアターアトラクション「ダスキンダストバスターズ」では、戦闘機に乗り、ミクロの世界へワープ。ホ

ダスキンダストバスターズ
外観（写真提供：ダスキン）

ダスキンダスト
バスターズ内部
（写真提供：ダスキン）

コリのすみかになっている部屋を冒険し、迫り来るハウスダストをシューティングで撃退する。ドキドキワクワク楽しみながら、掃除について学ぶことができる。

1955年にボストンでミスタードーナツを創始したハリー・ウィノカーと妻のエッタの胸像（写真提供：ダスキン）

1階「ミスドミュージアム」

　1階のミスドミュージアムではまず、入り口で米国の「ミスタードーナツ」の創始者であるハリー・ウィノカーと妻のエッタの胸像がわれわれを出迎えてくれる。中に進むにつれ、ミスタードーナツで味わえるドーナツの歴史を紹介するとともに、そのおいしさの秘密、ドーナツが完成するまでの工程を実際に体験できるコンテンツなどが用意されている。

　ちなみに、ミュージアム名にもなっている「ミスド」という言葉は、全国的に使われているミスタードーナツの略称である。マ

1階のミスドキッチンで参加できるドーナツのデコレーション体験（筆者撮影）

クドナルドは関東では「マック」で関西では「マクド」、ユニバーサル・スタジオ・ジャパンは関東では「USJ」で関西では「ユニバ」と、地域によって使われている略称が異なる。ミスドが全国的に使われるようになった理由はさだかではないが、略称3文字をミュージアム名に冠するところに、それを使っているファンへの思いが感じられる。

ドーナツ事業への参入

ミスタードーナツの運営は、ダストコントロールと全く異なるビジネス領域であるが、どのようにして導入されたのだろうか？ホームダスキンの事業もようやく軌道に乗り始めた1968（昭和43）年、鈴木はフラ

ンチャイズシステムをさらに学ぶため渡米。エバンズの息子を通して、そのシステムを学ぶために訪問した先が、1955（昭和30）年に開業したミスタードーナツ・オブ・アメリカであった。当初はフードビジネスを始めるつもりはなかったが、ウィノカーから事業提携を持ち掛けられ、米国の店舗でドーナツを味わった鈴木は、そのおいしさに感動し、「こんなにおいしいドーナツを一人でも多くのお客さまに食べてもらおう、そして一人でも多くの人々に喜んでもらおう」という思いから、1970（昭和45）年1月27日に日本での事業展開を決断した。ミスタードーナツでは、この記念すべき日を「ミスタードーナツ創業の日」と定め、さまざまな取り組みを実施している。

その取り組みの一つとして、毎年1月27日には、ミスタードーナツ店舗の売り上げの一部を「公益財団法人 ダスキン愛の輪基金」へ寄付している。ダスキン愛の輪基金は、ミスタードーナツ創業10周年の翌年、1981（昭和56）年の国連・国際障害者年に障害者の自立や社会参加の支援を目指して設立されたものである。地域のリーダーとして貢献したいと願う障害のある若者を海外に派遣し、研修の機会を提供する「ダスキン障害者リーダー育成海外研修派遣事業」と、アジア太平洋地域の障害のある若者を日本に招き、研修の場を提供する「ダスキン・アジア太平洋障害者リーダー育成事業」の二つの人材育成事業に取り組んでいる。日本から派遣された研修生はこれまで累計520人以上となっている。日本に招いた海外研修生を含めると、国内外で670人以上が研修を終了。各地で福祉のリーダーとなっている。

ドーナツの森の誕生

2024年3月、ミスドミュージアムに新エリアが作られ、リニューアルオープンした。リニューアルに伴い、ダスキンは同年3月14日に同ミュージアム内で記者発表会を開き、メディアプレビューを行った。当日は、全国紙、通信社、テレビ局の記者やカメラクルーなどが集まり、取材を行った。ダスキン広報部長の喜多晃氏による記者説明会の後、記者たちは新エリア「ドーナツの森」を見学し、その後ミスドキッチンでドーナツのデコレーション体験や揚げたてドーナツの試食を行った。

このドーナツの森は、ミスドミュージアムの来館者に「ミスタードーナツがつくるおいしい想い出」を呼び起こすことをテーマに開発されたという。考案したのは日ごろから同ミュージアムやミスタードーナツの店舗で勤務しているスタッフである。これまで販売してきた1800種類以上あるドー

ドーナツの森の前でリニューアルの説明を行うダスキン広報部長の喜多氏（筆者撮影）

ナツやパイから厳選した127種類をイラストや模型でドーナツの実に仕立て、ドーナツの実がなる木が生い茂る森を演出。全長約11メートルの壁に並ぶそれぞれのドーナツの下には二次元バーコードがあり、さらに壁の一角にはタッチパネルモニターも設置されており、それらから商品説明を見ることができる。また、別エリアにあるタッチパネルモニターではミスタードーナツが取り組むSDGsに関連した活動なども紹介され、来館者がSDGsについて学べるようになっている。

大藪氏（写真提供：ダスキン）

改正障害者差別解消法とミスドミュージアム

ミスドミュージアムのリニューアル工事は新コンテンツの設置だけではない。バリアフリー化も同時に行われている。2024年4月1日に改正障害者差別解消法が施行されたが、それに伴い、同ミュージアムでも、以前階段のあった場所にスロープを設置するなど、車いす利用者や階段を上ることが困難な来館者もスムーズに移動できるようにした。また同時にタッチパネルの検索モニターも、その角度や大きさ、検索キーの位置など、車いす利用者や小さな子供に配慮して設置している。このバリアフリー化に当たってアドバイスを提供した大藪光俊氏はダスキン障害者リーダー育成海外研修派遣事業研修修了生である。同氏は今回のリニューアルについて以下のように述べている。「今回、スロープ設置や機器設備導入に関する提案をさせてもらえたのは、すごくうれしいことで

した。これからも『すべての人に優しい施設』にしていってもらいたいです」

喜びのタネをまく

「ダスキンの仕事は喜びのタネまきをすることです。喜びのタネをまくとは、徳を積んで徳者になるということです。そして結果として『利益と共に発展する』がもたらされます」。これは創業者の鈴木が残した言葉である。創業者の思いを受け継ぎ、大阪府と連携して吹田市の子供食堂に通う子供たちを招待するなど、ダスキンミュージアムは、ダスキンの社会貢献の取り組みの場としても活用されている。

冷たい水を使ったつらい雑巾掃除から人々を解放し、ドーナツでおいしい想い出を提供するダスキン。女性の社会進出を後押しし、環境問題にもいち早く取り組んできた。このミュージアムは、喜びのタネをまく場として今後もその機能や役目を更新し、ダスキンが実践する社会課題の解決について発信する場となっていくであろう。

17 Tsumura Kampo Museum

漢方の伝統と革新を伝える

ツムラ漢方記念館

所在地：茨城県稲敷郡阿見町
運営：株式会社ツムラ
オープン：1992年

134

　東京から電車でおよそ1時間、茨城県の南部、阿見町。ツムラ茨城工場の敷地の中心にある2階建ての建物と、その裏手にある薬草見本園が「ツムラ漢方記念館」だ。同記念館は医療関係者向けに、1992 (平成4) 年に開館した。そして創業115周年メモリアル事業として、2008 (平成20) 年に「漢方・生薬を学ぶ・知る・楽しむ」をコンセプトにリニューアルされた。

　館内は漢方・生薬に関する歴史的に貴重な書物などから100種類を超える原料生薬の展示、漢方製剤の製造工程や品質管理までを展示し、漢方薬の成り立ちも体系的に紹介している。

「自然と健康を科学する」最新拠点

　総床面積1611平方メートル、施設内は中央の吹き抜け空間を生かし、展示が一望できるオープンな明るい雰囲気だ。リニューアルされたツムラ漢方記念館は

2008年のグッドデザイン賞 (公共空間／土木／景観) を受賞した。

　年間約4000人の来館者を迎えるこの記念館は、主に医療関係者を対象としているため、学習機能を重視している。現在すべての大学医学部、薬学部などの医療系学

135

17. Tsumura Kampo Museum

ツムラ漢方記念館（写真提供：ツムラ）

部では漢方について学ぶ機会が設けられ
ており、2023（令和5）年度は医学部・薬学
部・看護学部を中心に、約1200人の学生
が見学に訪れた。
　展示は「見せる展示から使う展示へ」を
狙っている。漢方医学に関わる専門的な情
報や歴史資料など難解なものも多いが、
分かりやすいようにレイアウトに工夫を凝
らしている。漢方の歴史だけではなく、漢
方医学の治療の考え方やツムラの品質管
理の取り組みを伝えることに注力してい
る。

生薬シンボルゾーンと創業時のツムラ（写真提供：ツムラ）

館内を見学する
ツムラ社員（写真
提供：ツムラ）

「漢方」は日本独自のもの

　ツムラと聞くと"漢方薬"を思い浮かべる人は多いであろう。元来、東アジアには「中医学」「韓医学」「漢方医学」の三つの医学があった。中医学は中国、韓医学は韓国、漢方医学は日本が発祥である。漢方医学は、5～6世紀ごろに中国から日本に伝来した医学が室町から江戸時代以降に独自に発展を遂げたものだ。漢方という名称は、江戸時代にオランダから伝来した

漢方医学の歴史を説明する展示（写真提供：ツムラ）

西洋医学を「蘭方」と呼び、従来の日本の伝統医学を「漢方」と呼び分けたことに由来する。ツムラ漢方記念館の1階には漢方医学の歴史が、2階には江戸時代の薬用具が展示されており、漢方医学の成り立ちから学ぶことができる。

「良薬は必ず売れる」を信念に

ツムラの前身である中将湯本舗津村順天堂は1893（明治26）年、婦人薬「中将湯」を販売する会社として、初代津村重舎が東京・日本橋に創業。130年余りの歴史を持つ、日本を代表する「100年企業」である。当時の社名にある「順天」は、「天の道に順う」という意味であり、「天の理法に従うものは栄え、逆らうものは滅びる」「天の意志に従い、人々の願いに応える」という考えを示す。「良薬は必ず売れる」との強い信念を表していると言えよう。ツムラ漢方記念館は、そうした信念の下に歩んできたツムラの数々の取り組みを紹介している。

その一つが、初代津村重舎が創業と同時に中将湯を広めるために講じた施策の紹介である。その頃の日本は脱亜入欧の時代であり、政府が西洋医学の導入に力を入れたことから、医学の西洋化も着実に進んでいった。創業から2年後の1895（明治28）年に「漢医継続願」が帝国議会で否決され、西洋医学が医師のライセンスとし

創業当時の中将湯のパッケージ (写真提供：ツムラ)

て唯一認められるものとなり、漢方医学を志す医師や研究者がどんどん減るという衰退の時期を迎えた。しかしその一方で、当時は富国強兵を背景に軍医が中心だったため、一般の人々が西洋医学の恩恵を受けられる状況にはほど遠く、特に女性や子供は医療から取り残されていた。そのため初代重舎は「女性に寄り添う」という強い思いと共に「中将湯の製造と販売を一生の仕事にする」という信念を抱き、衰退する漢方の復権を信じてさまざまな取り組みを行った。当時はまだ誰も行っていなかった新聞広告や、創業時の金看板なども館内に展示されている。

中将姫伝説

　そもそもこの中将湯のもとになる処方は、どこから来たのであろうか？　中将湯は、医業を生業とする家系である初代重舎の母方の実家、藤村家 (奈良県宇陀市) に

代々伝わる婦人病の妙薬であった。この薬の由来は、能や浄瑠璃で演じられてきた「中将姫伝説」にも残っている。

　奈良時代の747 (天平19) 年、藤原鎌足の曾孫である藤原豊成とその妻、紫の前との間に待望の女の子が生まれ、中将姫と名付けられた。しかし、中将姫が5歳の時に紫の前が亡くなり、豊成は後妻を迎えたが継母は中将姫を憎み、ついには殺害を企てるようになった。中将姫が14歳の時、継母は家臣に中将姫を殺すように命じたが、心優しい家臣は中将姫を殺すことができず、日張山にかくまった。翌年、豊成に発見された中将姫は都に連れ戻されたが、世上の栄華を望まず當麻寺に出家した。そこで薬草・薬方の知識を得ることになったとされている。この中将姫が、日張山で最初に身を寄せたのが前述の藤村家といわれ、それを契機に交流が始まり、婦人病によく効く秘薬を藤村家に伝え、それが藤村家家伝の薬「中将湯」になったといわれている。

漢方医学の復活はなるか

　ツムラは創業以来、企業の利益を社会に還元することに注力してきた。薬の製造と販売だけではなく研究にも力を入れ、漢方の普及に努めている。初代重舎は1923 (大正12) 年に欧州を訪問し、現地の製薬会社が研究所をつくり、社会に貢献していることに感銘を受けた。これがきっかけとなり1924 (大正13) 年、東京・上目黒に研究所を、東京・調布に薬草園を開設し研究を行った。薬草園は、後に東洋一の規模と

なった。今はツムラ茨城工場の敷地内に研究所が置かれ、研究が続いている。

その後、太平洋戦争などのため、2代目津村重舎は同社の維持に苦労した。終戦からしばらくたった1957（昭和32）年、津村順天堂は漢方による診察のための診療所を東京・日本橋に開設。同時に臨床データの集積を始めた。津村順天堂のこれまでの研究精神が受け継がれ、具現化されたものである。「研究所」「薬草園」「診療所」の3施設の連携で、津村順天堂は漢方の復権の基盤を固めた。そして1976（昭和51）年に医療用漢方製剤33処方が薬価基準に収載され、保険薬の指定を受けた。1987（昭和62）年までに129の処方が薬価基準に収載されている。2024（令和6）年現在、日本では148種類の漢方薬が保険適用を受けており、ツムラは医療用漢方製剤市場のうち約83％のシェアを占めている。ツムラ漢方記念館は昔のパッケージのほか、医療用の漢方製剤と原料となる生薬の見本も展示されていて、実際に訪問した薬学部の学生が触って実習することもあるという。

漢方の品質は畑から

1988（昭和63）年に社名を津村順天堂からツムラに変更。「自然と健康を科学する」を掲げ、現在に至っている。そのツムラが注力している分野の一つが、「原料生薬の品質」だ。

ツムラの漢方薬で使われる「生薬」

創業当時の中将湯本舗 津村順天堂（東京・日本橋）（写真提供：ツムラ）

はGACP（Good Agricultural and Collection Practice：WHO〈世界保健機関〉などが制定した薬用植物の優良農業規範であり、栽培から出荷まで詳細に規定されている）にのっとり栽培している。また、原料となる生薬栽培の段階から流通、製造、品質管理まで製品の履歴情報を追跡できる「トレーサビリティ」体制について大きく場所を割いて紹介している。この品質管理体制こそツムラが誇るものの一つであることが展示を通して伝わってくる。

バーチャル漢方記念館の開設

　ツムラ漢方記念館は医療従事者向けに公開されているが、医療従事者以外でも漢方薬に興味がある人向けに、同記念館を疑似体験できるコンテンツとして、バーチャル漢方記念館「Hello! TSUMURA バーチャル漢方記念館」を2020（令和2）年にウェブ上に開設した。

　バーチャル上のミニチュアのツムラ漢方記念館で、ツムラの歴史や漢方の歴史、漢方製剤ができるまでの工程などのさまざまな情報を、動画やアニメーションも活用して紹介している。また、同記念館は茨城県内の中学生・高校生から一般生活者や医療関係者を対象に、Zoomでリアルタイムにつなぐ「ツムラ漢方記念館　オンライン見学会」を開催。リアルのツムラ漢方記念館を見学しているような流れで、漢方の歴史や漢方薬をつくる工程などをオンラインで見学することができる。さらに2022（令和4）年からは、夏休みの時期に、全国の小学5年生から中学生を対象にクイズ

ツムラ生薬GACP（写真提供：ツムラ）

を交えながら楽しく学べるオンライン見学会を行うなど、広く漢方について学べる機会を提供している。

伝統と革新

　「女性に寄り添う」という強い思いによって創業されたツムラ。ペニシリンやX線が発見されるよりも前から130年にわたりツムラは漢方と向き合ってきた。今ではさまざまな疾患領域に取り組み、そして「未病」領域の科学化や次世代ヘルスケアの普及をも目指している。未病とは、健康と病気を「二分論」の概念で捉えるのではなく、心身の状態は健康と病気の間を連続的に変化するものとして捉え、このすべての変化の過程を表す概念である。2017（平成29）年2月に閣議決定された国の「健康

ツムラ漢方記念館館長の吉田勝明氏（筆者撮影）

・医療戦略」においてもその重要性が盛り込まれた。超高齢社会を迎えた日本において、この未病の概念や、それに向き合う漢方の役割はますます大きくなっている。

　ツムラの基本基調「伝統と革新」における伝統とは、革新の連続によって初めて築かれるものである。日本の伝統医療分野の一角を担うツムラは、日本の漢方を守り、発展させていくためには、自身がそれらを発信すべき企業であるという認識を持つことが大切だと考えている。そしてその一翼を担っているのがこのツムラ漢方記念館なのである。同記念館は今後もツムラの伝統と革新を記録し、広く社会に伝える施設として重要な役割を担っていくであろう。

18 Epilogue

新たな注目を集める企業ミュージアムの価値
～企業の思いを集約し、社会との新たな接点を創造～

**創業の精神、現代的パーパスを
社内外で共有する場として
再注目が集まる**

　本書では上巻と下巻を合わせて33カ所の企業ミュージアムを紹介してきた。実際に企業のPR業務を長年サポートしてきた私たちでも、これらのミュージアムを巡ることにより、それぞれの企業の創業の思いや活動の変遷を再認識することができたし、その企業の存在に感謝し、また改めて好きになることができた。

　普段私たちが認識する企業情報は非常に断片的だ。広告などで発売している製品について説明する、あるいは企業そのものが何をなりわいにしているかについて語るといった投げ掛けは、その情報に気

付いたとしても瞬間的でしかない。これは主にCMなどで接点が持てるBtoC企業の話であり、BtoB企業となると、一般生活者にとってコンタクトポイントはそう多くない。しかしこの企業ミュージアムにおいては、いったん足を踏み入れると、館内巡回におよそ数時間をかけ、その過去の実績から未来に取り組むテーマまでを眺めることになる。さらにはエンタメ要素をも盛り込んだ体験まで提供してくれるところもある。見学順路を進むたびに興味が深まり、所々で足を止めてしまうから歩む速度は徐々に緩む。美術館での鑑賞の仕方とはまた異なり、一企業の生い立ちや、その企業がいかに社会の発展に貢献してきたかを眺めていくその道程は、偉人伝的なものを集中して読むときの状態に近いかもしれない。企業の生きざまをドキュメンタリーとして見ているような没入感があるのだ。

　バブルの時期に資金を持て余し、ハコモノとしての企業ミュージアム建設を採択した企業もあるだろうが、ウェブ電通報の連載で紹介してきた企業ミュージアムにおいては、そもそも企業フィロソフィーを体現したものが多い。その多くは、50周年、100

BtoB企業の生活者との接点としても存在する企業ミュージアム（写真提供：ヤンマーミュージアム）

ミュージアムにモナコのレーニエ3世とグレース妃を迎える「ミキモト真珠島」。各国の王室メンバーを迎え、パブリック・ディプロマシーを展開（写真提供：ミキモト真珠島）

周年、といった周年事業の一環として設立されている。それは対外的アピールを目的とするだけではなく、むしろ従業員を含めたインターナルな関係者における自社指針の共有に重きを置いているようにも思える。企業によっては、より広範なステークホルダーとの接点となることを目指し、コンテンツの拡充や体験ギミックの付加がなされ、世の中に広く体験価値を生み出す「企業と生活者の出会いの場」と変化していったものもある。学び、遊び、体験を通じて記憶に残す——。企業においては生活者と思いをつなぐ、新たなメディアとしても再注目されている。

　実際、ここ数年で新たにミュージアムを創設、あるいはリニューアルした企業もある。新設した企業としては、伊藤園、リニューアルとしてはダスキン、関西電力などがある。またその果たす役割も、現在では多岐にわたり、先に述べた企業側の思いを伝える場としての活用のみならず、「地域コミュニティーと連携した産業観光」としての価値を持ったり、「社員研修の場」として活用されたり、はたまた外国要人の見学を受け入れるなど「パブリック・ディプロマシー（民間外交）」の役割を果たすところまである。社員研修ではグローバル展開する自社海外拠点の従業員を招き、企業理念を共有する、あるいはサプライチェーンにおける取引先企業の社員に企業姿勢を伝え共感を生み出すなど、個別の目的に合わせたさまざまなターゲットや手法が設定され、その役割も多様だ。コロナ禍を経て、至る所でデジタル化が浸透・定着しているものの、こういったリアル空間でコンテンツを提供してくれる施設が、逆にその意味や価値を再評価されているようだ。

企業ミュージアムの目的別分類

　企業ミュージアムはいわば"究極のオウンドメディア"だ。もちろん企業情報の入手においては、オフィシャルウェブサイトなどで収集するのが一般的だろうが、多くのミュージアムはその企業本社屋のお膝元や、工場あるいは研究所に隣接する敷地内に位置し、情報取得者にとってはまさに相手の懐に飛び込むこととなる。その行為によって、生活者はミュージアム館内における情報入手や体験のみならず、ミュージアム周辺をも含む地域での企業の存在感、存在価値についても感じることができる。例えば創業の地にミュージアムがある場合は、なぜその地で創業したのか、今その地で企業市民としてどのような役割を果たしているのか、まさに企業人格を知る良き機会ともなっている。

　私たちコミュニケーション業界では、ニュースメディアなどを通じた情報発信

国の登録有形文化財、経済産業省の近代化産業遺産に認定されている「島津製作所 創業記念資料館」(写真提供:島津製作所)

で、より広範に情報接触を生み出すことを目的とし活動することが多い。いわばより多くのオーディエンスにリーチするため、広告やパブリシティーといった手法で「広く浅く」メッセージを伝えていくのに対し、企業ミュージアムは「狭く深く」メッセージを伝えることにたけている。この「狭く深く」メッセージを伝え、共感を生み出し、ファンとして長い付き合いを目指すアプ

ローチがなぜ今また注目を集めるようになったのか。企業ミュージアムの果たす機能を分類しながら考察したい。

目的は同じであれ、それぞれの企業ミュージアムの持つ機能がさまざまなのも面白いところだ。もちろん複層的に各種アプローチ策を採り入れているところもあるが、簡単に分類してみると下表のような分け方ができるかもしれないので参考までに

144

表　企業ミュージアムの機能

目的		目的別活動	具体例
ブランディング	エクスターナル インターナル	企業理念の保全・発信 ストーリー・ドラマによるファンづくり	コンテンツ展示、ガイドによる解説
		レガシー継承	研修、講義実施
		ミュージアムの建築物の価値を発信	歴史的建造物の保存、建築デザインでメッセージ発信
企業市民活動 (企業責任)	地元自治体への貢献	校外学習の受け入れ	教育コンテンツ提供、出前授業
		観光資源として運営	エンターテインメントコンテンツの提供
		地元イベントでの盛り上げ	自社イベント開催、既存イベント参加
	業界全体の広報	人材育成	コンテンツ展示、自治体との共同イベント開催
		産業遺産・業界の歴史の保全	
	アカデミアへの協力	資料のアーカイビング 研究活動	展示物の貸し出し
			大学の研究サポート
			講義、講演
			出版、論文発表
			大学との連携展示会開催
マーケティング	店舗との連携による販売促進	商品や企業の魅力をアピール	コンテンツ展示、ガイド解説
イノベーションの創造	技術イノベーション	他機関とのコラボレーション誘発	他機関の研究者へのアピール
	ビジネスイノベーション	社員によるイノベーション促進	社員研修
パブリック・ディプロマシー	ナショナルブランドの強化	ソフトパワーの発信	海外VIP・外国人観光客の受け入れ

並べてみたい。

　このようなくくりでそれぞれのミュージアムの特徴をつかみ、各所の違いを個人的に比較してみるという楽しみ方もあるだろう。このようにコンテンツへの関心、楽しみ方の提案を軸に企業ミュージアムを選択し訪問してみるのもいいだろう。これらの工夫においても企業ミュージアムは驚くほど多彩だ。遊びや学びを通じて、企業の事業の背景にある思想や文化を来館者に対して啓発していくことができる接点としても、改めてその存在価値は高くなってきているようだ。

学芸員が大学などへ出前授業に行く企業ミュージアムもある（写真提供：印刷博物館）

博物館法と企業ミュージアムの運営

　最近は企業ミュージアムへの関心が幅広い層で高まっており、インバウンド客も含めて新しいレジャーとしても定着し始めたように見える。

　2022（令和4）年4月に博物館法が改正されたが、現状では「登録博物館」の数が圧倒的に少ない一方、未登録の「博物館類似施設」がその約5倍存在している。「博物館類似施設」に分類されるTOTOミュージアムの担当者は2022年にこう述べている。「登録博物館になることで、定期的に都道府県・指定都市教育委員会に対してミュージアムの運営状況を報告し、その報告結果に応じて都道府県・指定都市教育委員会より報告徴収、勧告等が発生する可能性があります。われわれのミュージアムは民間企業が運営する企業ミュージアムであり、その独立性と公共性のバランスをいかに担保するのか、今後も検討を継続する必要があると考えます。現時点においては『登録博物館』を目指す予定はございません」

　また、創業の地、愛知県半田市に設立し、地域活動との連動にも力を入れるミツカンミュージアム（MIM）でも、2023（令和5）年の取材時に、博物館法の改正に乗って観光地としてアピールすることは考えていない、としている。しかし一方で、企業側の無償サービス提供ではなく、あえて有料にしているミュージアムの運営スタンスについて、館長の新美佳久氏は以下のように語る。

　「このエリアに広く人を集めることも大切なことですが、せっかくだから興味のある人に来てほしい。旅行会社のツアーに組み込まれ、興味がない人が訪れると退屈に感じることもあるでしょう。前身の施設である『酢の里』は無料でしたが、『MIM』はあえて有料にしました。興味がある人はお金を払ってでも来てくれます。それに対して働く側の意識を高め、プロ意識を保つためにも、やはり有料であるべきだろうと決めました。有料でもアンケートでは満足度は高く、ぜひ誰かに紹介したいという回答も多いのです。3回目のリピーターも数多くいます。こういった方々の口コミが次

の来館者につながっていると思います。リピーター獲得のためにはデジタル武装も必要で、ハードは変えなくともコンテンツを常に更新していきたいと思っています。またもっと地元の学校と連携して出張授業などと組み合わせながら来館いただく仕組みをつくっていきたいとも考えています。例えば調べ学習で題材にしていただき、見学にも来ていただく。そしてさらに調べて教室で発表するなど、教育カリキュラムづくりも徐々に始めたところです」

　先の企業ミュージアムの目的分類で見れば、企業市民としての役割を果たし、地域行政とも連動しながら地元の子供たちに教育の場を提供する、また訪問客と接することにより自らの意識や行動を高め、あるいは改善していく機会ともしている。まさに複層的な役割を持った存在として有機的に機能しているのが分かる。

企業人格を理解してもらう
イマーシブな空間としてのミュージアム

　資生堂企業資料館の設立を指揮された当時の社長、故・福原義春は、「人には人徳があるように会社には社徳がある」と著書「ぼくの複線人生」(岩波書店) で述べている。私たちも幾つかの企業ミュージアムを訪問した際、それぞれの企業の社徳を感じられる場所だったなと思い返すこともあり、ミュージアムは単体の存在ではなく、その背景にある企業の社会的存在意義、一企業市民としての人格をしっかりと感じさせてくれているようだ。

　こういった“社徳”とも言える企業人格を感じられるのは、ミュージアムという特殊な空間にどっぷり漬かるという体験があったからもしれない。

　「イマーシブ (immersive)」という言葉がマーケティングやブランディングの領域においてトレンドワードとして扱われている。グローバル企業では、よくイマーシブ研修 (どっぷり漬かって体験する) というものが、これから企業活動に関わる段階の人材を集めて施されている。これは企業理念、フィロソフィーをしっかりと理解し、また自社らしい振る舞いについてグループセッションを通じて学ぶというもの。もちろん異なる意見を封じ込めて「右へ倣え」させるためのものではなく、まずはそもそもあるその企業風土を体感してもらうというのが目的だ。徐々にそれを感じ、慣れていくという緩やかなスピード感ではなく、短期間で一気にその風土に漬かり切ることで意思疎通もスピーディーになるというわけだ。これにより変なちゅうちょなく、どんどん積極的に意見を発することができるようにもなる。その意味で、この企業ミュージアムへの訪問、いやあえて言うなら「企業ミュージアムへの参加」というのは、まさに企業文化、風土にどっぷり漬かる「イマーシブ体験」なのだと言えよう。

　実際に企業がここまでイマーシブな、没入感のある環境を提供できる機会というのはそうそうないのではなかろうか。いわゆるエンターテインメント施設、あるいはVRゲーム環境などではその「没入感」をデジタル技術やツールで演出したりもするが、企業ミュージアムではそういったテ

多くの企業ミュージアムではバーチャルミュージアムも展開（画像提供：まほうびん記念館）

クノロジーやギミックばかりを頼りに没入感をつくり出しているわけではない。これら企業が持つファクトをブランドストーリーとして語り掛け、生活者の心の中にその思いを積み重ねていく。たとえそれがパネル展示の続く静的な空間だったとしても、そこに物語があるから先の没入感を味わうことができるのだ。そこにガイドの熱のこもった説明やおもてなしが加わると、より一層心が揺さぶられる。それが冒頭に述べた「偉人伝を読むように、企業の生きざまをドキュメンタリーで見る」ような体験になっていれば、その物語を通じた企業へのエンゲージメントは極めて高いものになるはずだ。

　企業ミュージアムも、エンターテインメントの要素のあるものは常に注目を集めてきたが、そうではないものでも企業コミュニケーションの一翼を担い、また着実な成果を上げている。個別の施設を見てしまうと、全体のトレンドは把握しにくいものだが、今回のように多種多様な目的で運営されている企業ミュージアムの特徴を見ていくと、それなりのトレンドも見えてくる。またウェブ電通報での連載を始めた直後には、各所で企業ミュージアムに関する情報もさまざま上がってくるようになり、まさにトレンドとして一気に浮上した感覚を横目で感じていたというのが正直なところだ。

　しかし施設はハコモノとしてどうしても初期費用はかさんでしまう。まずは既存のミュージアムを持つ企業は、いま一度その存在に着目し、目的を再確認し、それに沿うコンテンツを整備し、ぜひコミュニケー

ション戦略の一部としていただきたいところだ。また施設を持たない企業においても、自社ビルの一角をミュージアムとして改修することもできる。あるいは、ポップアップ的な形で短期間でもどこかに自社の生い立ちや理念、未来への展望などを展示し、インターナル含めてのコミュニケーション活動を実行してみてほしい。コンテンツがそろえば、いったんはオンライン上で展開することから始めてみてもいいだろう。要はミュージアムという体躯を持てということではなく、そこに自社理念のよりどころをしっかり格納することで、従業員やファンにエンゲージしていくということ。本書の各企業の事例は、各ミュージアムのファンを自称するPRの実務経験者により取材・執筆されたもので、PRのプロが見たインサイトが随所に紹介されている。企業の広報を担当されている読者の皆さまには、ぜひこれらを読んでいただき、あちこちのミュージアムに足を運んでいただくことをお勧めしたい。自社であればどのようなストーリーを紡ぎ、発信できるのだろうかと夢が膨らむはずだ。仕事として取り組むだけではなく、ミュージアムの一ファンとしてもその行程は楽しめるだろう。

解説 —— 心の旅をしよう

　企業ミュージアムと聞いて初めは「どうせ宣伝だろう」と高をくくっていたが、実際に訪れてみると、新しい発見や学びが多く、すっかり見方が変わった。今は「多くの人に体験してほしい」という思いだ。

　アシックススポーツミュージアム (神戸市) に2000 (平成12) 年シドニー五輪マラソン金メダリストの高橋尚子氏のシューズが展示されている。レース後にマイクを向けられた高橋氏は「(サポートチームの) 皆がそれぞれの立場で世界一を目指した結果」という趣旨の発言をした。今でこそスポーツ選手が関係者への謝意を述べるのが普通になったが、当時は珍しかった。確かに走っている時は独りだが、コーチや練習仲間はもちろん、シューズやウエア、食事、ぐっすり眠ることができる寝具などに支えられて選手は優れたパフォーマンスを発揮する。

　企業ミュージアムを訪れた人は、そこで名状しがたい達成感や高揚感を覚えるはずだ。それはなぜか。画期的な商品やサービスが世に出るまでには多くの人が関わっている。さまざまな段階でベストが尽くされたからこそ、人々のライフスタイルを変えるような大ヒット商品が生まれ、その会社は100年企業となったのだ。展示物からそうしたストーリーを追体験することによって、来館者は自分も自分が身を置く世界で何がしかの貢献をしており、これからも何かができるという気持ちにさせられる。

　花王ミュージアム (東京都墨田区) の一角に1960 (昭和35) 年前後の団地の一室が再現されている。実に質素なものだが、当時はモダンな暮らしの象徴として憧れの的だった。誰もが「きょうよりもあす、良い暮らしがしたい」と願い、それができると信じることができた時代だ。ノスタルジーに浸って「昔はよかった」と言うつもりはない。農閑期に都会で土木作業に汗を流した出稼ぎ労働者の悲哀。女性の就労で差別がまかり通っていた時代でもあった。そこから、私たちはここまで歩みを進めてきた。今、世界情勢は不透明で日本は閉塞感に覆われている。だからこそ現在地を確認し、未来への道筋を考えたい。

　たくさんの子供たちの笑顔を見ることができるのも企業ミュージアムの魅力である。多くの施設で子供たちに興味を持ってもらうための展示物やアトラクションを備えている。子供たちにはとにかく楽しんでほしい。そして創造力を育んでほしい。

　来し方に思いを馳せ、未来を見つける——。そんな心の旅ができるのが企業ミュージアムである。知らずにいるのはもったいない。

時事通信社解説委員

小林伸年

本書01〜18の記事は、株式会社電通PRコンサルティングの社員・役員が執筆したものです。

01/02
おかうち れ な
岡内 礼奈

07
たる み さち こ
垂水 幸子

13
さいとう くに ひろ
齊藤 国浩

03/14
さくら い あけ み
櫻井 暁美

09/16
ふじ い きょう こ
藤井 京子

15
はやし こう
林 紅

04/18
いの くち ただし
井口 理

10
あた り のり ひと
中 憲仁

17
さか い み な
酒井 美奈

05
たけ ち まり あ
武知 茉莉亜

11
あい はら こう き
粟飯原 広基

06/08
もり ゆう な
森 佑奈

12
いし い ゆう た
石井 裕太

掲載ミュージアム一覧

茨城県

■ **ツムラ漢方記念館**
〒 300-1192 茨城県稲敷郡阿見町吉原 3586
https://www.tsumura.co.jp/hellotsumura/

東京都

■ **セイコーミュージアム 銀座**
〒 104-0061 中央区銀座 4-3-13 セイコー並木通りビル
https://museum.seiko.co.jp/

■ **三井住友銀行 金融／知の LANDSCAPE**
〒 100-0005 千代田区丸の内 1-3-2 三井住友銀行東館 2 階
https://museum-of-finance.com/

■ **JAL スカイミュージアム**
〒 144-0041 大田区羽田空港 3-5-1 JAL メインテナンスセンター 1
https://www.jal.com/ja/kengaku/

■ **花王ミュージアム**
〒 131-8501 墨田区文花 2-1-3 花王株式会社 すみだ事業場内
https://www.kao.com/jp/corporate/outline/tour/kao-museum/

■ **Daiichi Sankyo くすりミュージアム**
〒 103-8426 中央区日本橋本町 3-5-1
https://kusuri-museum.com/

富山県

■ **関西電力 黒部川電気記念館**
〒 938-0293 黒部市黒部峡谷口 11
https://www.kepco.co.jp/corporate/profile/community/pr/kurobe/

静岡県

■ **ヤマハ発動機 コミュニケーションプラザ**
〒 438-8501 磐田市新貝 2500
https://global.yamaha-motor.com/jp/showroom/cp/

愛知県

■ **ミツカンミュージアム**
〒 475-8585 半田市中村町 2-6
https://www.mizkan.co.jp/mim/

三重県

■ ミキモト真珠島
〒 517-8511 鳥羽市鳥羽 1-7-1
https://www.mikimoto-pearl-island.jp/

滋賀県

■ ヤンマーミュージアム
〒 526-0055 長浜市三和町 6-50
https://www.yanmar.com/jp/museum/

京都府

■ グンゼ博物苑
〒 623-0011 綾部市青野町「あやべグンゼスクエア」内
https://www.gunze.co.jp/gunzehakubutu/

■ 京セラ 稲盛ライブラリー
〒 612-8450 京都市伏見区竹田鳥羽殿町 9 番地
https://www.kyocera.co.jp/inamori/library/

大阪府

■ ダスキンミュージアム
〒 564-0054 吹田市芳野町 5-32
https://www.duskin-museum.jp/

兵庫県

■ アシックススポーツミュージアム
〒 650-8555 神戸市中央区港島中町 7-1-1
https://corp.asics.com/jp/about_asics/museum

奈良県

■ シャープミュージアム
〒 632-8567 天理市櫟本町 2613-1
https://corporate.jp.sharp/showroom/

広島県

■ マツダミュージアム
〒 730-8670 安芸郡府中町新地 3-1
https://www.mazda.com/ja/about/museum/

——PR資産としての魅力と可能性——

企業ミュージアムへようこそ〈下巻〉

2024年7月16日　初版発行

著　　　者　　株式会社電通PRコンサルティング

発 行 者　　花野井 道郎
発 行 所　　株式会社時事通信出版局
　　　　　　〒104-8178 東京都中央区銀座5-15-8
　　　　　　電話03(5565)2155　https://bookpub.jiji.com

ブックデザイン　　松田 剛・浮岳 喜・大矢 佳喜子(東京100ミリバールスタジオ)
校　　　正　　溝口 恵子
印刷・製本　　中央精版印刷株式会社